Inhalt der CD-ROM

W0073568

Was erwartet mich im neuen Job?
Haben Sie diese praktischen Fragen schon
geklärt?
Welche Ziele setze ich mir im neuen Job?

Meine Ziele im neuen Job
Planen Sie Ihre Zukunft
Wie kann ich mich psychologisch auf meinen
Job vorbereiten?
Antworten in den ersten Tagen
Habe ich die Orientierung schon gefunden?
Kommunikative Fähigkeiten
Mein erster Arbeitstag

Wie wird meine neue Umgebung aussehen?
Wie wirkt das Unternehmen auf mich?
Was sollte ich nach einigen Tagen wissen?
Wie ist mein Chef?
Wie ist die Stimmung in Ihrem Unternehmen?

Wie wirke ich auf meine neue Umgebung
Wie wirke ich auf meine Umwelt?
Passender Kleidungsstil
Wie überzeugend bin ich?

Wo liegen meine Stärken und Schwächen?
Selbstbild – Fremdbild
Wo liegen meine Stärken und Schwächen?
Über welches Potenzial verfüge ich?

Wie motiviere ich mich?
Wie ehrgeizig bin ich?
Strategie für den Umgang mit Fehlern
Bin ich selbst- oder fremdmotiviert?

Wie gehe ich mit Druck um?
Äußere und innere Stressfaktoren
Spüre ich Stresswirkungen?
Weitere Anzeichen von Stress
Wie schätze ich mein Stressniveau ein?
So kläre ich Meinungsverschiedenheiten
Konfliktlösung

Wie bewältige ich Unsicherheiten und Ängste?
Reagieren bei Unsicherheit
Eigene Ängste ernst nehmen!
Die wichtigsten Kriterien der Selbstsicherheit
Übungen zur Steigerung der Selbstsicherheit
Entspannungstechniken

Bilanz und Ausblick
Ihre Bilanz nach den ersten 100 Tagen
Wie zufrieden sind Sie?
Ziele in der Arbeit
Ziele in Bezug auf das Betriebsklima
Ziele in Bezug auf mein Wohlergehen
Ziele bezüglich meiner Fähigkeiten und
Fertigkeiten
Wohin will ich in Zukunft?
Wie ist meine Lebensqualität?

Darüber hinaus enthält die CD-ROM die wichtigsten Gesetzestexte, damit
Sie sie im Wortlaut nachlesen können.
Überall, wo Sie das Icon oder den Hinweis auf die CD-ROM sehen, finden
Sie die Texte vollständig im DIN-A4-Format auf der CD-ROM – direkt
zum Übernehmen in Ihre Textverarbeitung. Sie können die Texte auch per
Faxabruf unter 01 90-91 10 17 30 anfordern (2,42DM/Min.).

Die Deutsche Bibliothek – CIP-Einheitsaufnahme

Zimmermann, Thomas:
Die ersten 100 Tage im neuen Job / Thomas Zimmermann. – 1. Aufl. –
Planegg : WRS-Verl., 2000
(Erste Hilfe)
ISBN 3-8092-1440-X

ISBN 3-8092-1440-X   Bestell-Nr. 04022-0001

© 2000, WRS Verlag Wirtschaft, Recht und Steuern GmbH & Co. KG,
Fachverlag
Der WRS Verlag ist ein Mitglied der Haufe Mediengruppe.
Postanschrift: Postfach 13 63, 82142 Planegg
Hausanschrift: Fraunhoferstraße 5, 82152 Planegg
Telefon (089) 8 95 17-0, Telefax (089) 8 95 17-2 50
Internet: http://haufe.de/, E-Mail: erste-hilfe@haufe.de
Lektorat: Stephan Kilian

Idee & Konzeption: Dr. Matthias Nöllke, Textbüro Nöllke München
Umschlaggestaltung: Schell und Partner, 80469 München
Gesamtbetreuung, Lektorat und DTP: Ariadne-Buchkonzeption, Christine
Proske, 80469 München
Redaktion: Cornelia Rüping
Druck: Schoder Druck GmbH & Co. KG, 86368 Gersthofen
Buchbinderei: Kolibri, 86830 Schwabmünchen

Thomas Zimmermann/Silke Schubert

Die ersten 100 Tage im neuen Job

Inhalt

*Herr N. beginnt seinen neuen Job mit großer Motivation. Frisch mit einem
Diplom ausgestattet, setzt er sich hohe Ziele. Er stößt jedoch schnell an Grenzen.*
*Frau F. hat unerwartet eine Abmahnung erhalten. In der Probezeit eine
ungewöhnliche und zudem drastische Maßnahme.*
*Herrn A.s Befürchtung, er sei den technischen Anforderungen des Jobs nicht
gewachsen, hat sich nicht bewahrheitet.*

Einleitung: Nach der Unterschrift

Herzlichen Glückwunsch. Sie haben das Bewerbungsverfahren hinter sich gebracht und Ihren zukünftigen Arbeitgeber überzeugt, dass Sie der oder die Richtige für das zu besetzende Stellenprofil sind. Sie haben Ihren neuen Arbeitsvertrag unterschrieben. Deswegen sind Sie voller Freude und Tatendrang. Die neue Herausforderung reizt Sie. Sie sehen dem neuen Job mit Neugier, aber auch mit Bedenken entgegen.

- Sind Sie tatsächlich so geeignet, wie Sie sich im Bewerbungsgespräch dargestellt haben?
- Werden Sie den Anforderungen gewachsen sein und alle in Sie gesetzten Erwartungen erfüllen können?
- Welche Veränderungen erwarten Sie in Ihrem Privatleben?

Solche und ähnliche Fragen werden Ihnen in den nächsten Tagen und Wochen durch den Kopf gehen. Einerseits sind Sie euphorisch wegen des Vertragsabschlusses, andererseits sind Sie aber auch unsicher, ob Sie dem, was auf Sie zukommt, wirklich gewachsen sein werden. Mit dem Arbeitsplatz eröffnen sich Ihnen möglicherweise neue finanzielle Möglichkeiten. Dennoch sehen Sie zunächst einmal eine ungewisse Zukunft vor sich: Sie kennen weder Ihre neue Firma noch die Menschen, die dort arbeiten. Und Sie wissen nichts darüber, welche Unterstützung Sie bekommen oder auf welches Betriebsklima Sie treffen werden.

Zukunft ungewiss!

Ob als Berufsanfänger, Wiedereinsteiger oder Umsteiger – Sie durchlaufen mehrere Phasen, wenn Sie einen neuen Job beginnen:

- Kontaktaufnahme und Bewerbung,
- Bewerbungsverfahren und Vertragsabschluss,
- Vertragsbeginn und Probezeit,
- Übernahme ins normale Vertragsverhältnis.

Die ersten beiden Phasen haben Sie bereits erfolgreich gemeistert. Sie haben sich beworben und den Vertrag unterschrieben. Nun wollen Sie an die erfolgreiche Bewerbung anknüpfen. In dieser wichtigen dritten Phase, in den ersten 100 Tagen der Probezeit, will dieser Ratgeber Sie begleiten. Sie wer-

Ende der ersten zwei Phasen

den merken, dass der neue Job lange vor dem ersten Arbeitstag beginnt. Diese Vorleistungen, die Sie zu erbringen haben, werden im ersten Kapitel dargestellt.

100-Tage-Plan für Ihre Ziele

Bei Ihrem Einstieg müssen Sie vor allem wissen, was Sie selbst in diesem Job erreichen wollen. Ob Ihnen das im Augenblick schon klar ist oder nicht, sicherlich verfolgen Sie mit Ihrem neuen Job Ziele, die jenseits des bloßen wirtschaftlichen Aspektes liegen. Das zweite Kapitel hilft Ihnen dabei, einen 100-Tage-Plan zu entwerfen, mit dem Sie nach Ablauf dieser Zeit eine erste Bilanz ziehen können. Wenn Sie selbst nicht wissen, wohin Sie steuern, wird dies von Ihrer Umwelt bestimmt. Es liegt in Ihrer Hand, den Kurs entscheidend mitzubestimmen.

Des Weiteren gibt Ihnen das Buch Aufschluss über die sozialen Zusammenhänge, mit denen Sie im betrieblichen Alltag konfrontiert werden. Ihre Rolle als Neuling im betrieblichen Gefüge wird ebenso beleuchtet wie die Ihrer Kollegen. Kapitel drei nennt die Darsteller und beschreibt den betrieblichen Schauplatz, auf dem das Spiel stattfindet. Sie erfahren, wie Sie die betriebliche Wirklichkeit durchschauen können, ohne ins Fettnäpfchen zu treten (s. Kapitel vier).

Anhand praktischer Beispiele werden Ihnen Möglichkeiten aufgezeigt, wie Sie die betriebliche Wirklichkeit gestalten und zu Ihren Gunsten verändern können (s. Kapitel fünf). Sie erhalten Tipps, die Ihnen dabei helfen, Ihr Potenzial zu nutzen (s. Kapitel sechs) und sich vor Motivationsverlust zu schützen (s. Kapitel sieben).

Praxisschock

Darüber hinaus lernen Sie Schwierigkeiten kennen, auf die Sie unweigerlich stoßen werden (s. Kapitel acht). Und Sie bekommen Ratschläge, auf welche Weise Sie den so genannten Praxisschock überwinden und Konflikte meistern können. Auch für jene Situationen, in denen Sie nicht mehr weiterwissen (s. Kapitel neun), finden Sie zahlreiche Anregungen. Das können Momente sein, in denen eine Rückmeldung Ihres Vorgesetzten Sie verunsichert oder Ihr Kollege Ihnen näher rückt, als Ihnen lieb ist. Sie finden in diesem Kapitel zudem Entspannungstechniken, die Ihnen das Arbeitsleben insgesamt erleichtern.

Nach Ablauf der ersten 100 Tage können Sie mit Hilfe dieses Buches eine Bestandsaufnahme vornehmen und Bilanz ziehen. Dabei stellt sich möglicherweise heraus, wie viel wagemutiger Sie werden müssen, wenn Sie Ihre beruflichen Ziele verwirklichen wollen. Oder Sie erkennen, dass Sie nicht länger allen Ärger hinunterschlucken können, wenn Sie weiterhin ohne gesundheitliche Probleme in Ihrem Job bestehen wollen.

Welche Bilanz Sie auch ziehen, das Buch versucht, Ihnen Hinweise, praktische Tipps und Beispiele zu geben, wie Sie auch nach 100 Tagen noch auf der beruflichen Gewinnerseite stehen. Wie Sie in problematischen Situationen reagieren können. Wie Sie motiviert bleiben. Und wie Sie Ihre Ziele und die Erwartungen Ihres Arbeitgebers in Einklang bringen. Es gibt keinen Grund, warum Sie nicht auch nach 100 Tagen mit derselben Motivation, Spannung und Freude in Ihrem neuen Job arbeiten sollten wie am ersten Tag. Voraussetzung ist allerdings, dass Sie mithelfen, die dafür notwendigen Grundlagen zu schaffen. Wenn das Buch Sie dabei zu unterstützen vermag, hat es seine Aufgabe erfüllt.

Auf der Gewinnerseite

Zu juristischen Fragen finden Sie folgende Gesetzestexte auf der beiliegenden CD-ROM:

- Beendigung des Dienstverhältnisses,
- Betriebsverfassungsgesetz,
- Gesetz über die Fortzahlung des Arbeitsentgelts im Krankheitsfalle (Lohnfortzahlungsgesetz),
- Gesetz zum Schutz der Beschäftigten vor sexueller Belästigung am Arbeitsplatz,
- Kündigungsschutzgesetz.

Welche Interessengegensätze bestehen zwischen Ihnen und Ihrem neuen Arbeitgeber?

Arbeitgeber und Arbeitnehmer vertreten notwendigerweise verschiedene Interessen. Entsprechend haben beide Seiten unterschiedliche Erwartungen an Ihre neue Stelle.

Ihr neuer Arbeitgeber nimmt an:

Erwartungen Ihres Arbeitgebers

- Sie passen in die neue Firma.
- Sie können das Jobprofil erfolgreich bewältigen.
- Sie werden sich aktiv in Ihrem neuen Job engagieren.
- Sie werden Ihre Arbeit gewissenhaft und zuverlässig erledigen.

- Sie werden sich Ihrer Firma gegenüber loyal verhalten.
- Sie werden auch für außerplanmäßige Arbeiten zur Verfügung stehen.
- Sie werden Ihr Geld wert sein.

Sie nehmen an:

- Sie passen in die neue Firma.
- Sie können das Jobprofil bewältigen – auch wenn Sie sich noch einiges an Wissen aneignen müssen.
- Sie werden fair behandelt.
- Sie werden sich wohl fühlen.
- Sie werden die Probezeit bestehen.
- Sie werden nach bestem Wissen und Gewissen handeln.
- Sie werden Berufs- und Privatleben in Einklang bringen.

Zielkonflikte gemeinsam lösen Ihr Interesse ist es also, sich gut in die Firma einzugliedern sowie berufliche und wirtschaftliche Sicherheit zu erreichen. Für Ihren Arbeitgeber müssen Sie erst einmal die anfallenden Kosten rechtfertigen. Er betrachtet Sie jedoch als eine langfristig sinnvolle Ergänzung der Belegschaft in seinem Unternehmen. Nicht selten entstehen aus diesem Grund Zielkonflikte zwischen beiden Seiten.

Während der Chef von Ihnen erwartet, dass Sie sich ganz in den Dienst der Firma stellen, möchten Sie abends möglichst pünktlich Feierabend machen, weil Ihre Kinder beziehungsweise Ihr Partner Sie erwarten. Oder Sie achten auf die Signale Ihres Körpers und bemerken einen Leistungsabfall, während Ihr Vorgesetzter Ihnen einen weiteren Stapel Papier zur Bearbeitung auf den Schreibtisch lädt. Wie es auch ablaufen wird zwischen Ihnen und Ihrer neuen Firma, für den Ausgleich der Interessen sorgen Sie in Kooperation mit dem Arbeitgeber.

Ungewohnte Situation In einer ungewohnten, neuen Situation spielen unsere bisherigen Erfahrungen eine bedeutende Rolle. Meistens greifen wir auf Vergangenes zurück. Im Arbeitsbereich zählen dazu Erlebnisse aus

- Praktika,
- einer Berufsausbildung,
- einem studentischen Aushilfsjob,
- einer Beschäftigung als wissenschaftliche Hilfskraft,
- einem vorherigen Beschäftigungsverhältnis.

Denken Sie darüber nach, wie Sie in Situationen reagiert haben, in denen die Interessenlage ähnlich unterschiedlich war wie an Ihrer neuen Arbeitsstätte. Wie gleichen Sie normalerweise Interessengegensätze aus? Lehnen Sie sich zurück, und lassen Sie verschiedene soziale Konstellationen vor Ihrem geistigen Auge ablaufen:

Interessengegensätze ausgleichen

> Lehrer – Schüler,
> Arzt – Patient,
> Eltern – Kind.

Solche hierarchischen Beziehungen sind den meisten von uns vertraut. Hier ergeben sich erfahrungsgemäß oft Anlässe für Konflikte und Disharmonie. Doch sie gehören zu unserem Alltag wie die Beziehungen zwischen Arbeitnehmern und Arbeitgebern. Und so, wie Sie in den Ihnen bekannten Situationen für Interessenausgleich sorgen (oder nicht), so werden Sie aller Voraussicht nach auch in Ihrem neuen Job handeln.

Kapitel eins: Was erwartet mich im neuen Job?

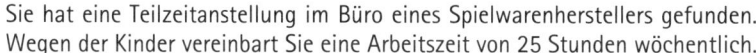

Frau F.: Informationen aus privater Quelle

Sie hat eine Teilzeitanstellung im Büro eines Spielwarenherstellers gefunden. Wegen der Kinder vereinbart Sie eine Arbeitszeit von 25 Stunden wöchentlich.

Sie sucht aktiv nach weiteren Informationen über die neue Firma. Insbesondere möchte sie wissen, wie es um das Betriebsklima bestellt ist. Ihr ist nicht nur wichtig, wieder Anschluss im Beruf zu finden, sondern auch sich wohl zu fühlen und nette Kollegen kennen zu lernen.

Sie erzählt ihren Freundinnen von Ihrem neuen Job. Dabei erfährt Sie, dass die Freundin einer Freundin bereits seit 17 Jahren in der betreffenden Firma arbeitet. Frau F. bittet ihre Freundin, ein Treffen zu arrangieren. Dabei erfährt Frau F. unter anderem Details über jene Kollegin, von der sie eingearbeitet werden soll. Durch die Hintergrundinformationen sieht Frau F. ihrem beruflichen Wiedereinstieg nun zuversichtlicher entgegen. Die fremde neue Firma ist ihr ein Stück vertrauter geworden. ◄

Ihre konkrete zukünftige Situation mag Ihnen zwar noch fremd sein, doch Sie haben dadurch die Chance, diese aktiv zu gestalten. Eine gute Vorbereitung auf das Unbekannte bringt fast jeden Reisenden sicher ans Ziel. Und oft lässt sich durch systematische Suche weiteres Wissen über die zukünftigen Rahmenbedingungen in Erfahrung bringen.

Sicher ans Ziel

Welche Formalitäten muss ich noch erledigen?

Zu den Vorbereitungen nach der Vertragsunterschrift gehören eine Reihe weiterer Formalitäten. Welche das sind, hängt von der Art des Beschäftigungsverhältnisses ab. In manchen Bereichen ist ein Gesundheitscheck notwendig, in anderen Berufen müssen Sie vielleicht noch eine weitere Qualifikation nachweisen.

Darüber hinaus gibt es noch einige weitere Formalitäten, die Sie vor Arbeitsbeginn erfüllt haben sollten.

Haben Sie alle übrigen Formalitäten erledigt?	Ja	Nein
Führungszeugnis		
Betriebsärztliche Untersuchung		
Weitere Zeugnisse		
Lohnsteuerkarte		
Krankenkasse		
Sozialversicherungsnummer		
Bankverbindung		

Mit Ihren persönlichen Erfahrungen und formal gerüstet können Sie sich nun der weiteren Vorbereitung widmen.

Dabei gibt bereits das Reiseziel einige der Bedingungen vor, auf die Sie treffen werden und mit denen Sie sich vorab vertraut machen können: Reisen Sie in den tropischen Dschungel von Brasilien, werden Sie entsprechend dem zu erwartenden Klima andere Dinge in Ihren Rucksack packen als für eine Trekkingtour nach Nepal.

Das unbe-kannte Land Ähnlich ergeht es Ihnen in Ihrem neuen Job. Über das unbekannte Land – Ihre neue Firma – wissen Sie zunächst nur wenig. Sie haben aber bereits etwas über gewisse Rahmenbedingungen Ihrer neuen Arbeit erfahren:

- Arbeiten Sie in einem Büro, in einer Werkhalle, im Kundendienst oder unter freiem Himmel?
- Ist der Betrieb ein großes Industrieunternehmen, ein kleiner, mittelständisch geprägter Betrieb oder ein öffentlicher Arbeitgeber?
- Arbeiten Sie im Mehrschichtbetrieb oder im Einschichtbetrieb?
- Arbeiten Sie allein oder im Team?
- Liegt die Tätigkeit im produzierenden, im geistig-kreativen oder im verwaltenden Bereich?
- Handelt es sich eher um Handarbeit oder um Kopfarbeit?
- Werden Sie in Ihrer neuen Arbeit einen großen Gestaltungsspielraum oder einen kleinen Gestaltungsspielraum haben?
- Gibt es ein Einarbeitungsprogramm?

Wenn Sie sich aus dieser Liste die Merkmale herausgreifen, die auf Ihr Arbeitsprofil zutreffen, gewinnen Sie bereits einige Anhaltspunkte darüber, was Sie zukünftig erwartet, zum Beispiel

- kennt in einem kleinen Handwerksbetrieb jeder jeden,
- geht es in einem Großunternehmen anonymer zu,
- stellt körperliche Arbeit andere Anforderungen als geistige Arbeit,
- ermüden die Augen schnell, wenn Sie den ganzen Tag lang vor dem PC sitzen,
- sind bei direkten Kontakten mit Kunden vor allem kommunikative Fähigkeiten gefordert,
- müssen Sie im Büro auch ein Telefon bedienen können und dabei einen professionellen Eindruck machen,
- geht es in einer Werkhalle meistens sehr strukturiert und routiniert zu, weil Arbeitsabläufe auf die Minute genau festgelegt sind.

Die Vorstellungen von Ihrem neuen Umfeld richten sich also einerseits nach dem Profil der Firma, andererseits nach Art und Inhalt der Arbeit. Inwieweit diese allerdings zutreffen, stellt sich erst heraus, wenn Sie einige Tage dort verbracht haben. Dennoch kann Ihnen eine eigene Liste – nach obigen Kriterien erstellt – helfen, herauszufinden, was Sie erwarten wird. *Firmenprofil*

Herr A.: Informationen aus privaten und öffentlichen Quellen

Herr A. hat sich nach Jahren auf dem Bau einer neuen Branche zugewandt. Er wird als technischer Leiter eines großen Kinobetriebs eingestellt. Er weiß, was er will, möchte aber auch genau wissen, was ihn erwartet. Dann nämlich kann er seine Erwartungen anpassen beziehungsweise schon jetzt etwas dafür tun, dass er seine Ziele erreicht. Er nutzt sämtliche Quellen, die ihm zur Verfügung stehen:

- das Internet,
- Informationen über den Aktienkurs,
- Tageszeitungen,
- Wirtschaftsmagazine,
- Bibliotheken,
- firmeninterne Berichte und Informationsmappen und
- Gespräche mit Freunden.

So erhält er Informationen über

- Unternehmensdaten wie Mitarbeiterzahlen, Umsatz, Gewinn,
- Merkmale der Branche (Dienstleistungs-, produzierendes Gewerbe ...),
- die Entwicklung der Branche,
- die wirtschaftliche Lage der Firma,
- die Unternehmensphilosophie,
- die Arbeitszeiten,
- die Mitarbeiter (Geschlechterverteilung, Bildungsgrad, Fluktuation ...) und
- den Ruf der Firma.

Herr A. bittet einen Freund, ihm die in der Firma eingesetzte Lüftungstechnik zu erklären. Denn Herr A. weiß, dass bei ihm in diesem Bereich Wissenslücken bestehen, die er während der Bewerbungsphase geschickt überspielen konnte. Damit beugt er zumindest vorläufig Komplikationen vor. Dennoch befürchtet er, dass seine Defizite offenbar werden und will deshalb versuchen, sein Wissen erweitern.   ◄

Informationen helfen Als aktiver und vorausdenkender Mensch haben Sie die Chance, sich weitere Informationen zu beschaffen. Diese können Ihnen zusätzliche Anhaltspunkte darüber liefern, wie Ihr zukünftiges Umfeld aussieht. Zumindest äußere Gegebenheiten, wie zum Beispiel die Größe des Betriebs oder Umsatzzahlen, lassen sich in Erfahrung bringen.

Wie sieht mein neues Umfeld aus?

Checkliste

Was ich vorab klären kann	Ja	Nein
Treffe ich auf einen überwiegend männlichen oder einen überwiegend weiblichen Kollegenkreis?		
Wie sieht die Altersstruktur in der Firma aus?		
Wie groß ist meine Abteilung?		
Gibt es eine Pausenversorgung?		
Welche Räumlichkeiten finde ich vor?		
Wie viele Kollegen arbeiten unmittelbar mit mir zusammen?		
Schließt die Firma in den Ferien wegen Betriebsurlaub?		

Gehen Sie vor wie Herr A., und nutzen Sie die Chancen moderner Informationstechnologien. Erkundigen Sie sich wie Frau F. im Bekanntenkreis. Setzen Sie das Puzzle verfügbarer Informationen zu einem vorläufigen Bild von Ihrer neuen Firma zusammen.

Gibt es Medienberichte über meinen neuen Arbeitgeber?

Vielleicht erfahren Sie auch aus der regionalen oder überregionalen Presse etwas über Ihren zukünftigen Arbeitgeber. Je nach Firmenprofil, Größe und Mitarbeiterzahl verfügen viele Unternehmen entweder über eigene PR-Abteilungen oder beauftragen externe Firmen mit der PR-Arbeit. In nahezu jedem Unternehmen, vom Viermannfamilienbetrieb über den selbst verwalteten Ökohof bis zum Automobilkonzern, gibt es heute eine Art Firmenphilosophie, Corporate Identity genannt. Viele Firmen und manche Abteilungen des öffentlichen Dienstes publizieren eigene Mitteilungsorgane, Hausblättchen oder Mitarbeiterzeitungen. Diese Veröffentlichungen stehen Ihnen vorab auf jeden Fall zur Verfügung. Sie dienen den Arbeitgebern dazu, *Unterschiedliche Medien nutzen*

- die Mitarbeiter stärker an das Unternehmen zu binden,
- einen kontinuierlichen Informationsfluss zwischen allen Arbeitsbereichen zu gewährleisten,
- innerbetriebliche Transparenz herzustellen,
- das Gemeinschaftsgefühl zu stärken.

Diese meist von den Pressestellen der Firmen oder der Verwaltungen herausgegebenen Druckerzeugnisse sind eine wahre Fundgrube für denjenigen, der etwas darüber herausfinden will, wie es in dem neuen Laden läuft. Des Weiteren finden Sie Informationen in Zeitungs- und Zeitschriftenarchiven. Durchsuchen Sie die Indizes nach relevanten Stichworten. Vielleicht erfahren Sie auf diese Weise etwas über die Firma, das Ihnen offiziell vorenthalten wird, zum Beispiel über einen Unfall, eine Auszeichnung, eine Kooperation, ein Gerichtsverfahren – es gibt viele Ereignisse, die für Sie relevant sein könnten.

Verfolgen Sie den Verlauf des Aktienkurses, wenn das Unternehmen an der Börse notiert ist. Hierdurch bekommen Sie Informationen über Krisen, die es in der Vergangenheit gab, und auch darüber, wann es wirtschaftlich wie- *Kursentwicklung der Firma* der bergauf ging. Wie hoch ist der aktuelle Kurs? Wie sieht die Entwicklung der letzten Monate aus? Daraus können Sie schließen, ob das Unternehmen in einer schwierigen wirtschaftlichen Lage ist – was sich wiederum auf das Betriebsklima auswirken kann. Eine weitere Informationsquelle stellt das Internet dar. Die meisten Unternehmen, in zunehmendem Maße auch kleine und mittlere Betriebe, präsentieren sich im World Wide Web.

Welche wirtschaftliche Situation erwartet mich im Unternehmen?

Um etwas über die Umstände in Erfahrung zu bringen, die Sie erwarten, vergegenwärtigen Sie sich noch einmal, auf welchem Weg Sie zu Ihrem neuen Arbeitgeber gefunden haben. Eventuell haben Sie eine Anzeige gelesen, vielleicht hat auch das Arbeitsamt oder ein anderer Jobvermittler Sie empfohlen. Vielleicht haben Sie aber auch von einem Bekannten erfahren, dass in dieser Firma eine Stelle neu zu besetzen ist.

Geschäftsziele Als Marktteilnehmer folgt das Unternehmen bestimmten Geschäftszielen. Sie können in Erfahrung bringen,

- ob es sich bei Ihrer neuen Firma um ein traditionsreiches Unternehmen handelt,
- ob sie eine Neugründung der letzten Jahre ist,
- welche Werbestrategie sie verfolgt,
- wie aggressiv sie am Markt auftritt,
- ob die Stammkundschaft seit Jahren dieselbe ist und das Kerngeschäft stabil hält,
- ob Gefahren lauern, weil die Firma nur auf eine beschränkte Produktpalette setzt.

Ihr Wissen Hinzu kommen Fakten wie die Anzahl der Abteilungen, die Zahl der Beschäftigten und die durchschnittliche Erlössituation. Vielleicht sind Ihnen diese Basisdaten schon beim Bewerbungsgespräch mitgeteilt worden. Wenn nicht, versuchen Sie sich über die Presseabteilung den Geschäftsbericht des vorhergehenden Jahres zu beschaffen. Alle diese Umstände ergeben ein spezifisches betriebliches Klima, auf das Sie dann aufgrund Ihres Hintergrundwissens nicht mehr völlig unvorbereitet treffen.

Wie ist der Betrieb organisiert?

Sie ersparen sich manch unangenehme Überraschung, wenn Sie frühzeitig in Erfahrung bringen, wie es um die organisatorischen Wege im Unternehmen bestellt ist. Sie können die Größe einschätzen lernen und Ihre eigene, Ihnen vertraute Arbeitsweise damit vergleichen. Vielleicht haben Sie bisher in Betrieben gearbeitet, in denen es nur den Chef und zwei weitere Angestellte gab. Eventuell fürchten Sie sich deshalb vor der Größe der neuen betrieblichen Struktur, da Sie damit rechnen, nur ein kleines Rad in einem großen Getriebe zu sein.

Das Unternehmen, das Sie eingestellt hat, ist durch eine bestimmte systemische Struktur gekennzeichnet. Je nach Größe gliedert sich das Unternehmen in verschiedene Bereiche wie die Geschäftsleitung, die Abteilungen und deren (Unter-)Gruppen. *Systemische Struktur*

Organigramm der Firma von Herrn N.

Als ausgebildetem Betriebswirt kommt Herrn N. eine nahe liegende Idee: Er erstellt das Organigramm seiner Firma (s. Abbildung Seite 12). Dabei erkennt er, dass es sich um eine Organisation handelt, in der die Abteilungsleiter nur ihren jeweiligen Abteilungen gegenüber weisungsbefugt sind. Der Leiter der Abteilung Projektmanagement hat gegenüber einem Mitarbeiter der Abteilung Controlling, wie Herr N. es sein wird, keine Weisungsbefugnis. ◄

Abhängig von der Struktur eines Unternehmens lassen sich zwei Organisationsformen unterscheiden:

- Mehrlinienorganisation (beispielsweise ist die Sicherheitsabteilung einer Firma abteilungsübergreifend weisungsbefugt).
- Matrix-Organisation (beispielsweise existieren die Abteilungen Fertigung, Vertrieb und Marketing – im Kontakt mit Spanien übernimmt jedoch die Abteilung Vertrieb diese drei Aufgaben).

Arbeitsbereiche können organisatorisch auch nach inhaltlichen Kriterien unterschieden werden. *Inhaltliche Kriterien der Arbeitsbereiche*

- Funktionsspezifisch: Es gibt Abteilungen für Vertrieb, Verkauf, Rechnungswesen, Personal, Sicherheit.

Organigramm
der Firma des
Herrn N.

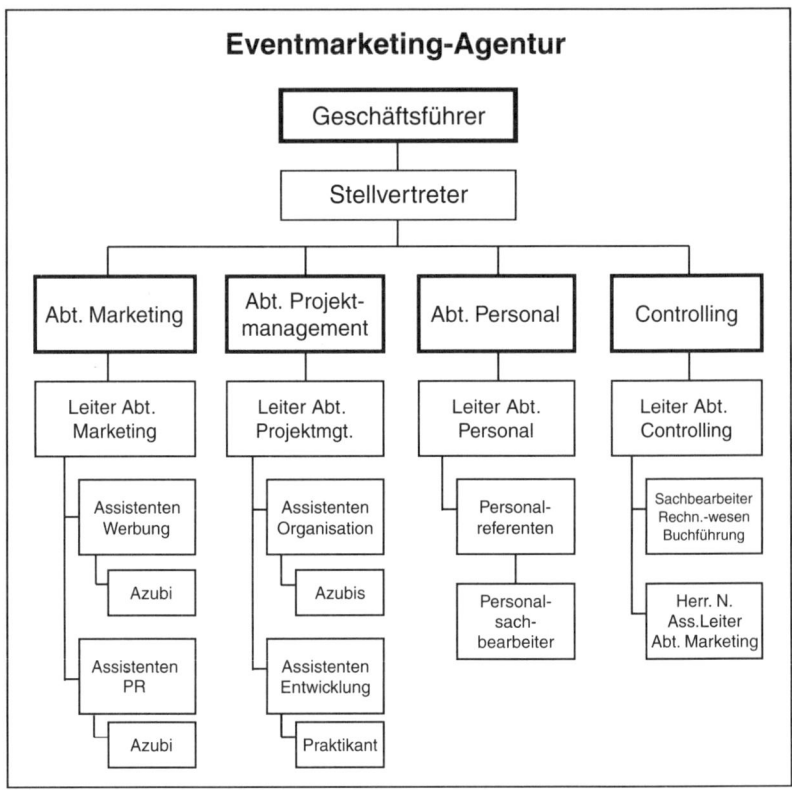

- Objektspezifisch: Es gibt Abteilungen für verschiedene Produkte und Produktgruppen.
- Arbeitsspezifisch: Ein Mitarbeiter verantwortet die Dateneingabe in die EDV, ein weiterer sorgt für das Funktionieren der EDV, ein Dritter bearbeitet Grafiken für Kataloge.
- Rangspezifisch: Unternehmen sind in hierarchische Ebenen gegliedert – Geschäftsleitung, Abteilungsleitung, Gruppenleitung, einzelne Stelleninhaber mit ihren jeweiligen Verantwortlichkeiten.
- Phasenspezifisch: Im Ablauf des Produktionsprozesses oder der Dienstleistung werden die Aufgaben anhand von Produktionsplänen oder Pflichtenheften in Teilprozesse gegliedert – für jeden Teilschritt ist fest-

gelegt, wer wofür verantwortlich ist und welche Zeit dafür vorgesehen ist.

- Zweckspezifisch: Im Wesentlichen wird zwischen den Hauptaufgaben zur Verfolgung der Unternehmensziele und den administrativen Aufgaben unterschieden.

Gleichgültig, ob Ihre Firma klein oder groß, ob sie privat- oder öffentlich-rechtlich organisiert ist – immer stehen Ihnen Mittel und Wege zur Verfügung, mehr über Ihre neue Wirkungsstätte zu erfahren.

Experten-Tipp

Eröffnen Sie sich weitere informelle Kanäle:

- Unterhalten Sie sich mit Ihren Freunden oder Freundinnen darüber, was diese denken und wissen!
- Fragen Sie Bekannte oder Nachbarn, was ihnen zu Ihrer neuen Firma einfällt!
- Erkundigen Sie sich, welche Geschichten kursieren!
- Finden Sie heraus, welche Art öffentlicher Selbstdarstellung Ihr neuer Arbeitgeber pflegt!
- Schaltet das Unternehmen Anzeigen nur, um Mitarbeiter zu werben oder auch für seine Produkte und Dienstleistungen?
- Ist die Firma in Print- und Funkmedien präsent?
- Bringen Sie in Erfahrung, ob die Firma selbst im Internet auftritt!
- Finden Sie heraus, welchen Ruf Ihr neuer Arbeitgeber hat!

In jedem Fall erleichtern Ihnen solche Informationen den Weg in Ihr neues Umfeld und sich besser und gezielter auf die eigene Zukunft vorzubereiten.

Welches Betriebsklima erwartet mich?

Die Atmosphäre innerhalb eines Unternehmens hängt in erster Linie vom Aufgabengebiet, den Arbeitszeiten und dem Arbeitsumfeld ab.
Sind die Aufgaben der Mitarbeiter

Atmosphäre im Unternehmen

- eher kreativ, kann es leicht hektisch werden,
- eher bürokratisch, füllen Routinearbeiten die Zeit,

- eher körperlich-handwerklich, treffen Sie auf ein raueres Arbeitsklima,
- eher wissenschaftlich-denkerisch, müssen Sie sich auf eine theorielastige Arbeit einstellen,
- eher umsatzorientiert, bereiten Sie sich auf Stress und Überstunden vor.

Arbeitsklima Ein Unternehmen mit einem gleichmäßigen Arbeitsanfall wird sicherlich ein anderes Klima bieten, als ein Betrieb, der projekt- und termingebundene Arbeitsaufträge erledigt und in dem es daher zu Stoßzeiten kommt. In einem eher statischen und durchgeplanten Arbeitsumfeld bleibt den Mitarbeitern nur wenig Entscheidungsspielraum. Die Struktur ist vorgegeben. Ermessen und Entscheiden spielen eine untergeordnete Rolle. Die vorhandene Arbeit muss zielgerichtet erledigt werden. Allerdings bietet ein routiniert ablaufender Arbeitsprozess den Mitarbeitern mehr Möglichkeiten, miteinander in Kontakt zu treten.

Gibt es eine Arbeitnehmervertretung?

Arbeitnehmer- Erkundigen Sie sich, ob es in der Firma einen Betriebsrat oder eine gewerk-
vertretung schaftliche Organisation gibt oder ob entsprechende Versuche von der Unternehmensleitung schon einmal abgewehrt wurden. Besonders in kleineren Betrieben, die hierarchisch ganz auf den Firmenchef zugeschnitten sind, stoßen gewerkschaftliche Aktivitäten oder Mitarbeitervertretungen schnell auf Ablehnung.
Gehen Sie sensibel mit diesem Thema um. Sie stoßen damit bei Ihrem Chef möglicherweise nicht auf Gegenliebe. Insbesondere deswegen nicht, weil die Gewerkschaftsarbeit der Firma Kosten verursacht, da die Mitarbeiter ihre gewerkschaftlichen Aufgaben während der Arbeitszeit erledigen. Gleichwohl ist die Gewerkschaft ein wichtiger Ansprechpartner, wenn

- es zu tariflichen Auseinandersetzungen kommt,
- rechtliche Schwierigkeiten im Zusammenhang mit dem Arbeitsvertrag auftreten,
- Arbeitsschutzbestimmungen verletzt werden,
- es darum geht, Überstundenregelungen zu finden,
- es zu einer Vertragsauflösung kommen sollte,
- Mobbing-Versuche unternommen werden.

Arbeite ich überwiegend mit Männern oder Frauen zusammen?

Es gibt Berufssparten, in denen Männer oder Frauen dominieren. Generell gilt, dass in pflegenden, helfenden und ganz allgemein in sozialen Berufen Frauen die Mehrheit ausmachen. In produktionsorientierten, handwerklich-technisch ausgerichteten Berufen überwiegen dagegen weiterhin die Männer. Doch aufgrund gesellschaftlicher Veränderungen werden die beruflichen Grenzen für Frauen und Männer durchlässiger. **Geschlechterverteilung**

Wie verhalte ich mich, wenn meine Geschlechtsgenossen die Minderheit bilden?

- Gehen Sie gelassen mit Ihrem Sonderstatus um!
- Machen Sie sich auf provozierende Bemerkungen gefasst!
- Beobachten Sie die Dynamik innerhalb der Gruppe – wer führt Wort, wer applaudiert?
- Integrieren Sie sich aktiv, ohne Ihre eigene Geschlechterrolle zu sehr in den Vordergrund zu stellen!
- Machen Sie sich nicht selbst zum Zielobjekt!
- Machen Sie Kolleginnen und Kollegen darauf aufmerksam, wenn Sie die Grenzen überschritten sehen!
- Knüpfen Sie ein Beziehungsnetz, ohne die Kontakte zu privat werden zu lassen!
- Geben Sie nicht klein bei, wenn es zu Konflikten kommt!

Auf jeden Fall kann Ihr Sonderstatus leicht zu Verwicklungen führen, denen Sie dann mit Sachlichkeit, Geduld und Offenheit begegnen sollten. Lassen Sie sich nicht auf Grabenkämpfe ein, da Sie sonst die Gruppe gegen sich aufbringen. **Verwicklungen aufklären**

Ein Umfeld mit einem ausgewogenen Verhältnis von männlichen und weiblichen Mitarbeitern hat demgegenüber wesentliche Vorteile. Eine solche Arbeitsumgebung

- bietet ein kommunikationsförderndes Klima,
- macht den Arbeitsalltag abwechslungsreicher,

- sorgt manchmal für Turbulenzen, vermag sie aber auch wieder auszugleichen,
- macht verschiedene, sich ergänzende Perspektiven auf Arbeitsvorgaben möglich,
- nutzt das größere Kreativitätspotenzial – wenn nicht eine Seite die andere zu dominieren versucht.

Arbeitsumfeld   Ein Arbeitsumfeld, in dem nur Männer arbeiten, zeichnet sich häufig durch unterdrückte Konflikte sowie pseudoharmonisches Gebaren und Kumpanei aus. Frauen hingegen nutzen ihre kommunikativen Fähigkeiten anders. Sie gehen offener mit ihren Gefühlen, Wünschen und Bedürfnissen um und tauschen sich stärker verbal aus. Der Druck, sich Ihrem Arbeitsumfeld anzupassen, ist für Sie als neu hinzukommender Mitarbeiter beziehungsweise als neue Mitarbeiterin sehr hoch.

Wie sieht die Einarbeitung aus?

Aufgaben am ersten Tag   Wenn Sie nicht bereits verbindlich vereinbart haben, welche Aufgaben Ihnen in den ersten Tagen zugeteilt werden, erfragen Sie vorab, ob ein etabliertes Einarbeitungsprogramm besteht – oder ob Sie einfach ins kalte Wasser springen sollen. Einerseits schmeichelt es dem Selbstwertgefühl, wenn Ihnen zugetraut wird, sich alles selbstständig anzueignen. Doch lassen Sie es möglichst nicht darauf ankommen. Denn andererseits sind die Reibungsverluste, die durch Unstimmigkeiten und Unkenntnis auftreten, in jedem Fall groß – wie auch die Gefahr, dass die Motivation schnell verloren geht.

Wissen Sie bereits,	Ja	Nein
welchen Umfang die Einarbeitung hat?		
wer Sie einarbeitet?		
wie viele Abteilungen Sie kennen lernen?		
welche Zeit Ihnen für die Einarbeitung zur Verfügung steht?		

Erst dann wissen Sie auch genauer, ab welchem Moment mit Ihrer vollen Arbeitsleistung gerechnet wird.

Wie lege ich meinen Arbeitsweg zurück?

Machen Sie sich bei Ihren Vorbereitungen auf jeden Fall Gedanken über den Arbeitsweg. Zwischen größeren Betrieben beziehungsweise Unternehmen und regionalen Verkehrsbetrieben gibt es häufig Vereinbarungen, auf deren Grundlage Sie ein so genanntes Job-Ticket erwerben können. Erkundigen Sie sich, ob diese Möglichkeit für Sie besteht.

Wenn Sie die Zeit in öffentlichen Verkehrsmitteln besser nutzen können als im Privatauto, dann entscheiden Sie sich für diesen Weg. Während der Fahrt mit der Bahn und dem Bus ist es möglich, sich zu entspannen, eine Zeitung oder ein Buch zu lesen. Im Auto steht Ihnen das Radio zur Verfügung, oder Sie können während der Fahrt eine Sprachkassette hören.

Öffentliche Verkehrsmittel

Müssen Sie eine weite Strecke pendeln, stellt sich die Frage nach dem geeigneteren Verkehrsmittel umso dringlicher. Vergleichen Sie dabei aber nicht einfach die reine Fahrzeit. 45 Minuten im Zug oder Bus gegen 35 Minuten im Auto abzuwägen, reicht als einfache Rechnung nicht aus. Berücksichtigen Sie vielmehr Ihre individuelle Situation. Entspannt im Zug zu fahren lässt eine eher ruhige Vorbereitung auf die Anforderungen des Tages zu. Durchschnittlich 35 Minuten Stop-and-go-Verkehr und der damit verbundene Stress zerren dagegen schon vor Arbeitsbeginn an den Nerven.

Wie wirkt sich der neue Job auf mein Privatleben aus?

Auch Ihr Privatleben wird sich verändern. Wenn Sie dabei genauso umsichtig vorgehen, wie bei Ihrer Vorbereitung auf den neuen Arbeitsplatz, sollten Ihnen daraus keine Probleme erwachsen. Führen Sie sich vor Augen, welche Umstellungen Sie im Privatleben erwarten:

Umsicht bei Veränderungen

- Eine neue Struktur bestimmt mein Leben.
- Ich muss mich auf neue, vielleicht strengere Arbeitszeiten einstellen.
- Ich werde weniger Zeit für meinen Partner haben.
- Die Arbeitsteilung mit dem Partner ist neu zu regeln.
- Ich muss neuen Anforderungen gerecht werden und mich auf andere Menschen einstellen.

Alle Eventualitäten können Sie natürlich nicht vorhersehen, auch wenn Sie gut gewappnet sein werden. Beherzigen Sie zumindest einen Teil der genannten Empfehlungen. Akzeptieren Sie den Rest Unsicherheit, der noch bleibt. Erlauben Sie sich, zu denken, dass Sie sich bestens auf die Zukunft vorbereitet haben.

Habe ich folgende Fragen geklärt??	Ja	Nein
Welchen Arbeitsweg wähle ich?		
Welche Termine müssen verlegt werden?		
Welche privaten Bereiche werden beeinflusst?		
Ist die Kinderbetreuung geregelt?		
Sind alle Formalitäten erledigt?		
Habe ich alle verfügbaren Informationen beschafft?		
Welche Fragen sind offen geblieben?		

Kapitel zwei: Welche Ziele setze ich mir im neuen Job?

Zweifelsohne stellen Sie sich in Ihrem zukünftigen Job einer neuen Herausforderung. Ob Sie nach der Ausbildung zum ersten Mal in ein Arbeitsverhältnis eintreten, nach einer Pause wieder einsteigen oder nach reiflicher Überlegung in eine andere Branche umsteigen – wie gut Sie die neue Situation bewältigen, hängt davon ab, welche Ziele Sie in Ihrem neuen Job erreichen wollen. Wenn Sie die Frage „Was will ich in diesem Job erreichen?" für sich überdacht und geklärt haben, erleichtern Sie sich den Einstieg ungemein. Denn wenn Sie wissen, was Sie wollen, bestimmen Sie maßgeblich den Kurs, den die (Job-)Reise nimmt.

Neue Herausforderung

Wie erstelle ich einen persönlichen Erfolgsplan?

Dieses Kapitel unterstützt Sie dabei, sich über Ihr eigenes Wollen klarer zu werden. Erstellen Sie einen Plan darüber, wie Sie die ersten 100 Tage im neuen Job bewältigen wollen. Dieser liefert Ihnen handfeste Kriterien, anhand derer Sie später überprüfen können, inwieweit es Ihnen gelungen ist, zu erreichen, was Sie sich vorgenommen haben.

Experten-Tipp

Ein Plan beinhaltet im Idealfall
- die Auflistung der Ziele,
- eine konkrete Ausformulierung dieser Ziele,
- diverse Strategien, wie Sie diese Vorgaben am besten erreichen,
- eine Reihe alternativer Entwürfe, auf die Sie zurückgreifen können, sollte das von Ihnen als optimale Strategie festgelegte Vorgehen scheitern,
- eine Liste möglicher hemmender Faktoren,
- Hilfen, auf die Sie zurückgreifen können,
- Zielkontrollen, um zu sehen, inwieweit das Ziel erreicht ist. ◄

Worauf muss ich achten?

Bei aller Planung lässt sich die Gefahr, dass Sie in Ihrem neuen Job scheitern, nie ganz ausschließen. Sie können allerdings die Wahrscheinlichkeit verringern, in Fallen zu tappen. Schon deswegen enthält ein Plan immer auch alternative Überlegungen. Das sorgt für Flexibilität und ermöglicht Ihnen angemessene Reaktionen, wenn Sie sich zu Kurskorrekturen genötigt sehen.

Konkrete Strategie   Um einen Plan zu entwerfen, verlassen Sie sich auf die Informationen, die Sie bereits gewonnen haben – sowie auf Ihre eigenen Wünsche, Kenntnisse und Fähigkeiten. Berücksichtigen Sie aber auch Unwägbarkeiten. Doch da Sie bereits wissen, was Sie erwartet, fällt es Ihnen nicht schwer, eine konkrete Strategie zu entwerfen, um die ersten 100 Tage zu Ihrer eigenen Zufriedenheit zu meistern.

Weg und Ziel   Zu einem Plan gehören zwei Komponenten: ein Ziel und die Beschreibung des Weges dahin. Denn ein Ziel zu erreichen heißt, einen Istzustand in einen Sollzustand zu verwandeln. Die einzelnen Schritte hin zu diesem Sollzustand lassen sich durchaus absehen, durchdenken und dann umsetzen. Eine wichtige Voraussetzung für die Planung einer noch ungewissen Zukunft ist eine möglichst realistische und klare Zielvorgabe. Diese können Sie später konkret bilanzieren. Sind Sie dort angekommen, wo Sie hin wollten? Haben Sie erreicht, was Sie sich vorgenommen haben?

Sie können Ziele nach hohen, spezifischen oder nach niedrigen, unspezifischen Kriterien festlegen: Wenn Sie es sich einfach machen wollen, setzen Sie sich kleinere, erreichbare Ziele. Selbstverständlich werden Sie in den ersten 100 Tagen nicht das Unternehmen revolutionieren. Zwar wäre dies ein hohes, spezifisches Ziel, doch es ist nicht realistisch – und niemand in Ihrer neuen Firma würde Sie dabei unterstützen.

Mögliche Ziele

Hohe und spezifische Ziele	Niedrige und unspezifische Ziele
Die Arbeit so organisieren, dass Reibungsverluste vermieden werden.	Gute Arbeit leisten.
Mit allen Kollegen der Abteilung wenigstens einmal gesprochen haben.	Sich mit den Kollegen gut verstehen.
Konflikte benennen und austragen.	Konflikte vermeiden.
Die eigenen Interessen durchsetzen.	Ohne Blessuren durchkommen.

Auf stressige Situationen überlegt und angemessen reagieren.	Stress vermeiden.
Die Arbeitsmotivation erhalten.	Nicht auffallen.
Neues hinzulernen.	Hauptsache durchkommen.
Für ein gutes Arbeitsklima sorgen.	Keinen Widerspruch erregen.
Kommunikationsprobleme offen legen.	Bei der Arbeit nicht ermüden.
Unzufriedenheit artikulieren.	
Zufriedenheit artikulieren.	

Dieser Entwurf dient natürlich nur als Beispiel. Nehmen Sie sich nun ein Blatt Papier und einen Stift, und formulieren Sie Ihre eigenen Ziele. Fragen Sie sich, was Sie in diesem Job erreichen wollen, und überlegen Sie sich Wege, wie Sie dorthin kommen. **Ihr Plan**

Welche Ziele verfolge ich?

Auf die Arbeit bezogen will ich

- das Unternehmen und seine Struktur kennen lernen,
- meine Leistungsfähigkeit in den Dienst der neuen Firma stellen,
- mit guten Leistungen überzeugen,
- meine Erfahrungen nutzen,
- meine Talente einbringen,
- meine finanzielle Situation verbessern,
- andere mit meiner Arbeit zufrieden stellen.

Auf das Betriebsklima bezogen will ich
- die Kollegen kennen lernen,
- im Team meine Ideen vertreten,
- die Arbeitsbedingungen optimieren,
- Missverständnisse ausräumen beziehungsweise vermeiden.

Mein persönliches Wohlergehen betreffend will ich **Persönliches Wohlergehen**

- mich nicht verschleißen,
- Stress möglichst gering halten,

- entspannt und ohne Druck zur Arbeit gehen,
- Berufs- und Privatleben in Einklang bringen,
- Zeit für die Partnerschaft einplanen,
- auf Urlaub und Freizeit nicht verzichten.

Maßnahmen zur Zielerreichung

- Organigramm anfordern/erstellen,
- sich über die betriebliche Struktur erkundigen,
- Gespräche mit Kollegen suchen,
- Rituale erkennen und beachten,
- Klarheit über die eigene Aufgabenstellung verlangen,
- auf guter Einarbeitung bestehen,
- an der Pausengestaltung teilnehmen,

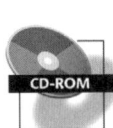

- sich erkundigen, ob und wie üblicherweise Geburtstage gefeiert werden,
- Freundlichkeit, Zuvorkommenheit, Offenheit pflegen,
- die eigenen physischen Grenzen erkennen.

Hilfen

- Eigene Erfahrungen rekapitulieren,
- das Gespräch mit Freunden suchen,
- zukünftige Kollegen um einen Erfahrungsaustausch bitten.

Mögliche hemmende Faktoren

- Unzugängliche Kollegen,
- undurchschaubare Informationswege im Unternehmen,
- private Schwierigkeiten,
- Stress,
- Arbeitsüberlastung oder Unterforderung,
- Termindruck,
- unzureichende Ausstattung (Arbeitsgeräte, Werkzeuge).

Kontrollen

- Rückmeldung von den Kollegen einholen,
- Rückmeldung vom Chef einholen,

- individuelles Stressniveau einschätzen,
- Familie und/oder Freunde befragen, ob sie eine Veränderung an Ihnen bemerken,
- nach 100 Tagen eine kritische Bestandsaufnahme vornehmen.

Mit diesem Plan legen Sie kein starres Ablaufschema fest, an das Sie sich sklavisch halten müssen. Vielmehr formulieren Sie Richtlinien dazu, was Sie in Ihrem neuen Job und wie Sie es erreichen wollen sowie unter welchen Umständen Sie bereit sind, Ihre Vorgehensweise veränderten Gegebenheiten anzupassen. Der Plan gibt einen offenen Rahmen vor, in dem Sie Ihre Vorstellungen darüber, wie es mit Ihnen beruflich weiter gehen soll, verwirklichen können.

Richtlinien formulieren

Welche Wege führen zum Ziel?

Die Wege zum Ziel sind weit und manchmal verworren. Doch lassen sich nach E. A. Locke und G. P. Latham einige Faktoren benennen, die Sie beim Erreichen Ihrer Ziele unterstützen oder behindern können:

Fünf Faktoren

- Faktor eins: Fähigkeiten,
- Faktor zwei: Selbstvertrauen,
- Faktor drei: Zielbindung,
- Faktor vier: Rückmeldung,
- Faktor fünf: Aufgabenkomplexität.

Faktor eins: Fähigkeiten

Ein wichtige Voraussetzung für das Erreichen Ihrer Ziele liegt in Ihren individuellen Fähigkeiten. Dazu zählen nicht nur die Kenntnisse, die sich direkt auf Ihr Aufgabengebiet beziehen, sondern auch soziale Kompetenz und kommunikative Fertigkeiten. Da Sie normalerweise auf andere angewiesen sind, um Ihre Ziele zu erreichen, sollten Sie auch dazu fähig sein, sich ins Team einzubringen, aufmerksam zuzuhören und Ratschläge anzunehmen. Wegen Ihrer fachlichen Eignung sind Sie eingestellt worden. Nun müssen Sie auch Ihre sozialen Fähigkeiten unter Beweis stellen, damit die ersten 100 Tage so verlaufen, wie Sie es sich vorstellen.

Kompetenzen und Kenntnisse

Faktor zwei: Selbstvertrauen

Selbstvertrauen ist unabdingbar, wenn Sie Ihre Ziele erreichen wollen. Wenn Sie sich selbst etwas nicht zutrauen, werden es auch die anderen nicht tun. Zu einem gesunden Selbstvertrauen gehört eine gewisse Unsicherheits- und Frustrationstoleranz. Sie müssen davon überzeugt sein, es selbst schaffen zu können, und dürfen sich durch auftretende Schwierigkeiten nicht vom Weg abbringen oder entmutigen lassen.

Durch-setzunkraft Sie können sich durchsetzen und für sich eintreten. Sie machen den Mund auf, wenn es darum geht, Ihre Interessen zu vertreten. Sie lassen sich auch durch Kollegen, die mit Ihnen konkurrieren, nicht wegdrängen. Sie bauen auf die Erfahrung, dass Sie bisher die meisten Ihrer Ziele erreicht haben. Sie vertrauen auf Ihre Fähigkeiten und Fertigkeiten – und wissen gleichzeitig, dass Sie nicht alles wissen können.

Faktor drei: Zielbindung

Zwischenziele setzen Nur Sie allein wissen, wie stark Sie an Ihre selbst gewählten Ziele gebunden und wie wichtig Ihnen diese sind. Geben Sie die Bindung an das Ziel auf, werden auch Motivation und Arbeitsleistung darunter leiden. Doch wenn Sie sich in der neuen Umgebung wohl fühlen, wird es Ihnen sicherlich leicht fallen, zielgebunden zu bleiben. Setzen Sie sich zudem Zwischenziele, und belohnen Sie sich selbst, wenn Sie merken, dass Sie auf einem guten Weg sind. Bestrafen Sie sich aber nicht, wenn nicht alles sofort glatt läuft.

Faktor vier: Rückmeldung

Feedback Die Bewertung durch Außenstehende (die Kollegen, den Chef) stellt ein Stück des Weges zur Erreichung Ihrer Ziele dar. Suchen Sie aktiv nach Rückmeldungen aller Art, verbal sowie nonverbal. Achten Sie darauf, wie Dritte sich über Ihre Arbeit äußern. Scheuen Sie sich nicht davor, nachzufragen, wie andere Ihre Leistungen beurteilen. Schmettern Sie auch Kritik, die Ihnen unberechtigt erscheint, nicht sofort ab, sondern versuchen Sie den Kern der Aussage herauszufiltern.

Faktor fünf: Aufgabenkomplexität

Dieser Faktor ist sicherlich am schwersten einzuschätzen. Handelt es sich bei Ihrem Aufgabengebiet um einen komplexen Bereich, so wird es schwierig für Sie, Ihr Ziel zu erreichen. Denn je mehr unterschiedliche Tätigkeiten Sie in den ersten Tagen und Wochen zu erledigen haben, desto weiter entfernen Sie sich von Ihren selbst gesteckten Zielen. Möglicherweise fühlen Sie sich überfordert, weil Sie nicht mit einem derartig hohen Arbeitsanfall gerechnet haben.

Um Ihr Ziel trotzdem zu erreichen, sollten Sie versuchen, die Komplexität zu reduzieren und die Erledigung Ihrer Aufgaben in kleine Schritte aufzuteilen. Beschäftigen Sie sich mit Teilbereichen Ihres Arbeitsgebiets, und lassen Sie sich nicht permanent vom Großen und Ganzen unter Druck setzen. Sie müssen lernen, auch Details zu organisieren, die sich dann in den Aufgabenplan integrieren lassen. Selbst ein noch so komplexes Problem lässt sich in kleinere Einheiten zerlegen, dadurch behalten Sie die Übersicht. **Kleine Schritte**

Des Weiteren gibt es so genannte begleitende Mechanismen, die Ihnen helfen, das Ziel nicht aus den Augen zu verlieren.
Dazu gehören:

- Aufmerksamkeitssteuerung,
- Anstrengung,
- Ausdauer,
- aufgabenspezifische Strategien.

Aufmerksamkeitssteuerung

Sich auf die anstehenden Aufgaben zu konzentrieren ist keineswegs einfach. Immer wieder werden Sie in Situationen geraten, in denen Sie etwas ablenkt. Das Telefon klingelt, der Kollege klopft an die Tür, vor dem Haus arbeitet gerade jemand mit einem Presslufthammer. **Konzentration**

Wie Sie mit solchen Störungen umgehen und wie gut Sie in der Lage sind, sich trotzdem auf eine Aufgabe zu konzentrieren, hängt zum großen Teil von Ihrer individuellen Art zu lernen ab. Möglicherweise haben Sie generell wenig Sitzfleisch und werden schnell unruhig, wenn Sie sich auf etwas konzentrieren sollen. Dann ist die Gefahr, dass Sie sich ablenken lassen, größer. Sie sollten derartige Mechanismen durchschauen und lernen, kreativ damit umzugehen. Gönnen Sie sich einen kleinen Spaziergang, wenn Sie merken, dass Ihre Gedanken blockiert sind. Widmen Sie sich einer anderen Aufgabe, wenn Sie mit einem Problem nicht weiterkommen.

Richten Sie sich nach folgenden Empfehlungen, wenn Sie gut und effektiv arbeiten wollen:

- Erledigen Sie Ihre Aufgaben der Reihe nach!
- Verzetteln Sie sich nicht!
- Versuchen Sie, entspannt und ausgeruht an Ihre Arbeit heranzugehen!
- Nehmen Sie sich vor, auch Routinearbeiten bewusst zu erledigen – die Fehleranfälligkeit steigt, je monotoner ein Arbeitsablauf ist.
- Wenn Sie unkonzentriert sind, dann legen Sie eine Pause ein!
- Legen Sie die Reihenfolge Ihrer Arbeiten danach fest, wann Sie sich auf welche Tätigkeit am besten konzentrieren können. Verlassen Sie sich dabei auf Ihre Erfahrungen.
- Versuchen Sie, den Kopf frei zu bekommen. Wenn andere Probleme Ihnen immer wieder dazwischenfunken und Ihre Gedankengänge stören, notieren Sie sich diese für später, damit Sie sich Ihrer Hauptaufgabe widmen können!
- Machen Sie sich bewusst, was Sie gerade tun.   ◀

Anstrengung

Körperliche und geistige Energie

Vor dem Erfolg steht der Schweiß. Welches Ziel Sie auch verfolgen, Sie werden sich immer darum bemühen müssen, es zu erreichen. Ebenso kostet die Erstellung eines Plans Anstrengung. Wollen Sie diesen dann umsetzen, müssen Sie wiederum körperliche und geistige Energie aufbringen. Auf Ihrem Weg werden Sie manches Mal ausgelaugt und erschöpft sein. Sie werden sich fragen, warum Sie sich überhaupt solche Ziele gesetzt haben. Und Sie werden daran zweifeln, dass Sie jemals erreichen werden, was Sie sich vorgenommen haben.

Sie können die Aufteilung des Weges in einzelne Etappen nicht umgehen, indem Sie zu hohe Anforderungen an sich selbst stellen. Möglich ist aber, dass Sie Ihre Ziele nach unten korrigieren. Doch denken Sie daran: Wenn Sie einen Abgabetermin einhalten, eine bestimmte Stückzahl einer Ware produzieren oder eine Anzahl von Kundenkontakten erledigen wollen, dann geht es nicht ohne ein gewisses Maß an Anstrengung.

Ausdauer

Ohne Ausdauer und Durchhaltevermögen erreichen Sie niemals ein Ziel. Wenn Sie bereits nach dem ersten Rückschlag die Flinte ins Korn werfen und sich selbst für gescheitert erklären, rückt Ihr Ziel in weite Ferne. Auch wenn zehn Versuche fehlschlagen, haben Sie immer noch einen elften. Das soll aber nicht bedeuten, dass Sie nach Sisyphusart einen Schritt vor und wieder einen zurückgehen. Zur Ausdauer gehört nämlich auch, eine als nicht lösungsorientiert erkannte Strategie zu ändern. Vergeuden Sie also Ihre Energie nicht mit solchen Methoden, die sich als unwirksam erwiesen haben. Zwar beweisen Sie dann Ausdauer, doch Ihr Ziel erreichen Sie so nie.

Unwirksame Methoden verwerfen

Aufgabenspezifische Strategien

Behalten Sie immer Ihre Aufgaben und Ziele im Auge. Leiten Sie daraus die jeweils nächsten Schritte ab. Verabschieden Sie sich schnell von Strategien, wenn Sie erkennen, dass diese nicht sinnvoll sind. Ihre Fertigkeiten werden sich durch die wiederholte Bewältigung komplexer Aufgaben entwickeln. Zu einem bestimmten Zeitpunkt werden Sie genau wissen, wie Sie Aufgaben lösen, egal, ob es um einen Text, ein Werkstück oder ein Musikstück geht. Orientieren Sie sich dabei an solchen Strategien, mit denen Sie schon zuvor erfolgreich waren. Alles, was im Dienste der Zielerreichung steht, ist erlaubt – wenn Sie dabei nicht vom Wege abkommen oder ineffizient zu Werke gehen. Wenn Sie sehen, dass Sie sich auf einem guten Weg befinden, können Sie sich ausmalen, wie es sein wird, wenn Sie Ihr Ziel erreicht haben. Innere und äußere Anreize wirken positiv auf die Leistungsfähigkeit. In der folgenden Tabelle finden Sie einige Formen der Belohnung, die das Arbeiten angenehmer machen. Ergänzen Sie sie durch Anreize, die Ihnen persönlich wichtig sind.

Erfolgreiche Strategien

Innere Anreize	Äußere Anreize
Stolz auf die eigene Leistung	Gute Beurteilung durch den Chef
Gefühl der Kompetenz	Anerkennung der Kollegen
Steigerung des Selbstwertgefühls	Gehaltserhöhung
Steigerung des Selbstvertrauens	Verantwortungsvollerer Aufgaben
Selbstbestätigung	Öffentliches Lob

Leistungsanreize

Zielerreichung Ihr Plan gibt vor, was Sie in Ihrem neuen Job in etwa 100 Tagen schaffen wollen. Sie haben Einflüsse kennen gelernt, die das Erreichen Ihres Ziels fördern oder behindern können. Und Sie haben erfahren, welchen persönlichen Einsatz Sie bringen müssen, um Ihr Vorhaben in die Tat umzusetzen. Auf dem Weg zu Zielen und Teilzielen bekommen Sie Anreize von außen und innen, die Ihnen die Strapazen erleichtern.

Planen Sie Ihre Zukunft!

Was Sie in Ihrem neuen Job erreichen wollen, hängt aber auch davon ab, woher Sie beruflich kommen und wohin Sie wollen. Stellen Sie sich dazu am besten vor, wovon Sie träumen, wenn Sie weitere zehn Jahre voraus denken.

■ Wo möchten Sie in zehn Jahren beschäftigt sein?

■ Wie sollte Ihre Stellenbeschreibung aussehen?

■ Möchten Sie Führungsaufgaben übernehmen?

■ Welche zusätzlichen Qualifikationen möchten Sie dann erworben haben?

■ Hätten Sie gern eine eigene Firma?

Worksheet auf
CD-ROM!

Notieren Sie sich die Antworten auf ein Blatt Papier, ein Worksheet dazu finden Sie auf der beiligenden CD-ROM. Sicher fällt es Ihnen dann leichter, auch jene Fragen zu beantworten, die unmittelbar für Ihren neuen Arbeitsplatz von Bedeutung sind.   ◄

Was will ich erreichen?

Konkrete Neben den bereits formulierten Zielen für die ersten 100 Tage und der Be-
Projekte wältigung der Probezeit schweben Ihnen sicherlich noch andere, längerfristige Ziele vor Augen. Dabei lassen sich konkrete Projekte und ideelle Erwägungen unterscheiden. Zu den konkreten Projekten zählen beispielsweise:

● das Schreiben einer Dissertation,

● das Umsetzen einer bestimmten Art der Arbeitsorganisation,

● die Verdopplung des Umsatzes in Ihrem Bereich,

● das Kennenlernen der einzelnen Abteilungen,

● eine Lohnerhöhung,

● die Teilnahme an Qualifizierungsmaßnahmen.

Zu den ideell geprägten Vorgaben gehören folgende Ziele:

Ideelle
Vorgaben

- eine schnelle Beförderung,
- die Gewinnung neuer Kenntnisse auf Ihrem Tätigkeitsfeld,
- die Stärkung des betrieblichen Klimas,
- Anerkennung für die eigene Arbeit,
- der Dienst für das Wohlergehen der Firma,
- die Wahrung der eigenen Interessen,
- die Einhaltung der Grenzen zwischen Berufs- und Privatleben.

Frau F.: Wiedereinstieg nach Babypause

Nach einer jahrelangen Berufspause ist es Frau F. besonders wichtig, wieder den Anschluss im Berufsleben zu finden. Die Veränderungen der letzten Jahre haben das Büro zwar nicht wie prophezeit papierlos gemacht. Aber Frau F. ist mit den technischen Neuerungen nicht vertraut. Deswegen will sie versuchen,

- sich nicht mit Fragen zurückzuhalten,
- ihre Angst vor dem Computer abzubauen,
- sich mit der Bürosoftware vertraut zu machen,
- einen Weiterbildungskurs zu besuchen,
- nach Ablauf der Probezeit auf demselben Niveau wie Ihre Kollegen oder besser zu arbeiten,
- ihre häuslichen Aufgaben zu bewältigen.

Herr A.: Wechsel in eine neue Branche

Den Arbeitsbedingungen im harten Baugeschäft, in dem er als Vorarbeiter tätig war, möchte er sich auf Dauer nicht mehr aussetzen. Mit dem Einstieg als technischer Leiter in ein größeres Unternehmen verbindet er folgende Ziele:

- eine langfristige Verbesserung der Arbeitsbedingungen,
- finanzielle Verbesserung,
- angenehmere Arbeitszeiten,
- eine körperlich weniger anstrengende Arbeit,
- bessere Teamarbeit,
- angenehmere Umgangsformen zwischen den Kollegen,

- die Übernahme größerer Verantwortung,
- das Erwerben neuer Kenntnisse,
- die Bewältigung neuer, komplexerer Techniken.   ◂

Herr N.: Neueinstieg nach Uni-Abschluss

Herr N. kommt mit einem guten Abschluss als Betriebswirt frisch von der Uni. Er hat bereits ab und zu gejobbt, um etwas Geld zu verdienen. Trotzdem ist er ziemlich unsicher, was ihn in einem geregelten Job erwartet. Aber er ist hoch motiviert und setzt sich folgende Ziele. Er will

- praktische Erfahrungen sammeln,
- seine theoretischen Kenntnisse einbringen,
- seine Fähigkeiten unter Beweis stellen,
- ein regelmäßiges Einkommen beziehen und sich nun auch Luxusgüter leisten,
- sich selbst verwirklichen,
- eine verantwortungsvolle Aufgabe übernehmen, die ihn im Betrieb unverzichtbar macht,
- nette Kollegen kennen lernen.   ◂

Kurskorrekturen Was Sie erreichen wollen und was Sie erreichen können, sind zwei verschiedene Dinge. Vieles hängt vom Umfeld und von der eigenen Motivation ab. Diese ist meistens zunächst sehr hoch. Doch kann sie dramatisch sinken, wenn die tatsächlichen Umstände wesentlich von den Erwartungen abweichen. Dennoch brauchen Sie sich nicht davor zu scheuen, Ihr Wollen auch einmal an die Gegebenheiten anzupassen. Kurskorrekturen gehören auf allen Wegen, die zum Ziel führen sollen, zu den normalen Vorgängen. Das ist sowohl in der Luft- oder Seefahrt als auch – im übertragenen Sinne – auf der Reise in den betrieblichen Alltag üblich.

Wie kann ich mich in der Arbeit selbst verwirklichen?

Das Bestreben, sich zu verwirklichen, ist natürlich und gehört zur Entwicklung der Persönlichkeit. Den eigenen Wünschen, Bedürfnissen und Träumen folgen zu können, ist ein Privileg des modernen Menschen. Weil die Arbeitszeit einen so großen Teil unseres Lebens ausmacht, sollten wir diese Zeit auch für unser berufliches Fortkommen und unsere persönliche Entwicklung nutzen.

Wie wichtig ist Ihnen Selbstverwirklichung?	Ja	Nein
Ist Ihnen kreative Arbeit wichtig?		
Sind Sie stolz auf berufliche Erfolge?		
Setzen Sie sich hohe berufliche Ziele?		
Wissen Sie, was Sie in Ihrem neuen Job erreichen wollen?		
Fühlen Sie sich stark genug, um an Ihre Ziele zu gelangen?		
Ärgern Sie sich, wenn Sie nicht genügend herausgefordert werden?		
Opfern Sie für die Arbeit auch einen Teil Ihrer Freizeit?		
Suchen Sie aktiv den Kontakt zu Ihren Kollegen?		

Checkliste

Worksheet auf CD-ROM!

Neue Freiheiten

Allerdings sollten Sie bedenken, dass Selbstverwirklichung auf Kosten anderer (der Ehefrau, des Ehemanns, der Kinder, der Freunde, der Firma) auf Widerstand stoßen könnte. Dies bringt möglicherweise Probleme in der Partnerschaft oder Firma mit sich. Die Sensibilität dafür müssen Sie selbst entwickeln. Gelingt Ihnen der Interessenausgleich zwischen Ihren Wünschen und denen des Partners sowie des Arbeitgebers, schaffen Sie sich neue Freiheiten.

Ihrer Selbstverwirklichung sollte nichts mehr im Wege stehen. Wenn Sie Ihren Arbeitgeber durch gute Leistungen überzeugen, wird er Ihnen größere Freiräume zugestehen, sodass es beispielsweise möglich ist,

- Ihre Arbeitszeit flexibler zu gestalten,
- Ihre Ideen einzubringen,

- Ihr Aufgabengebiet zu erweitern,
- Ihren Wunsch nach weiterer Qualifizierung durchzusetzen,
- Ihre E-Mail-Box auch privat zu nutzen.

Betrachte ich den Job als Schritt auf der Karriereleiter?

Wenn Sie nach der Ausbildung in den neuen Job einsteigen, kann dieser die erste Sprosse der Karriereleiter sein. Orientieren Sie sich neu, kann das den ersten Schritt in einer neuen Karriere bedeuten. Haben Sie die Branche gewechselt, müssen Sie es zunächst einmal schaffen, sich in Ihrer neuen Umgebung zurechtzufinden.

Anschluss wie-
derfinden
Wenn Sie schließlich jahrelang aus dem Berufsleben ausgeschieden waren, müssen Sie hier vor allem den Anschluss – zum Beispiel auch an technische Neuerungen – wiederfinden. Sie werden schnell spüren, ob Sie dem täglichen Druck überhaupt noch gewachsen sind. Und Sie werden erkennen, ob Sie überhaupt Karriere machen wollen, nachdem Sie sich in den letzten Jahren anderen Dingen gewidmet haben.

Checkliste

Worksheet auf
CD-ROM!

Wie sieht Ihre berufliche Perspektive aus?	Ja	Nein
Sie erachten diesen Job nur als Zwischenstation.		
Sie können sich vorstellen, Mitarbeiter zu führen.		
Sie beabsichtigen, sich weiter zu qualifizieren.		
Sie haben konkrete Vorstellungen darüber, wo Sie in zehn Jahren arbeiten möchten.		
Sie sind immer ansprechbar und stehen Ihrem Chef stets zur Verfügung.		
Sie nutzen Ihren Urlaub für das berufliche Fortkommen.		
Sie möchten als Ideengeber und Organisator handeln.		
Sie wissen, wie Sie Ihre Ziele erreichen.		

Auswertung

Ordnen Sie den Aussagen der Checkliste ein Ja oder Nein zu, bevor Sie in Ihrer neuen Firma anfangen. Gehen Sie die Liste einige Monate später nochmals durch, und vergleichen Sie die Ergebnisse. Mit der Erfahrung, die Sie in der Zwischenzeit gewonnen haben, fallen die Antworten möglicherweise anders aus. Gleichen Sie die Liste an, und formulieren Sie Ihre Ziele neu.

Worauf muss ich achten, wenn ich im neuen Job etwas erreichen will?

Denken Sie an die Erfahrungen, die Sie bisher gesammelt haben, und rufen Sie sich die Momente in Erinnerung, an die Sie sich am liebsten nicht erinnern möchten:

- Momente Ihres Versagens,
- Momente Ihres Scheiterns,
- Momente, in denen Ihre Träume zerplatzten.

Denken Sie über solche Situationen nach, und überprüfen Sie, was Sie und warum Sie es falsch gemacht haben. Versinken Sie dabei jedoch nicht in Selbstvorwürfen, sondern analysieren Sie Fehler und Versäumnisse nüchtern, damit Sie für ähnliche Fälle eine Handlungsalternative entwickeln können. Auch wenn Sie sich ungern an solche Situationen erinnern, so ist es doch wichtig, sich diese bewusst zu machen. Nur so können Sie vermeiden, dass solche Vorkommnisse sich wiederholen. Wenn Sie sich Ihrer Vergangenheit stellen, können Sie aus den früheren Krisen lernen – das bringt Sie zu neuen Lösungen.

Analyse von Fehlern

Nachdem Sie sich mit diesen kritischen Situationen auseinander gesetzt haben, können Sie sich entsprechende Handlungsalternativen zurechtlegen:

Experten-Tipp

- Geraten Sie schnell in Erregung, wenn die Dinge nicht so laufen, wie Sie sich das vorstellen, dann eignen Sie sich Strategien an, um das zu ändern. Machen Sie eine Pause, atmen Sie mehrmals tief durch, gehen Sie kurz spazieren, um wieder einen klaren Kopf zu bekommen.

- Wenn Sie ein schlechtes Gedächtnis haben, notieren Sie sich alle anstehenden Dinge.

- Wenn Sie nicht Nein sagen und Ihre eigenen Interessen durchsetzen können, finden Sie heraus, was Sie selbst wollen. Versuchen Sie dann in schwierigen Situationen nüchtern und sachlich Ihren eigenen Standpunkt vorzubringen.

- Wenn Sie dazu neigen, vorlaut und respektlos zu sein, zügeln Sie sich. Denn Ihre Kollegen werden kein Verständnis dafür aufbringen, wenn Sie sich mit Sprüchen und Anekdoten ständig in den Vordergrund spielen.

- Wenn Sie Schwierigkeiten mit der Pünktlichkeit haben, stehen Sie morgens eine halbe Stunde früher als sonst auf, damit Sie den Tag ohne Hektik beginnen können.

Reiseplan   Wenn Sie sich mit allen Themen dieses Kapitels befasst haben, sollten Sie umfassend darüber Bescheid wissen, was Sie selbst in Ihrem neuen Job wollen. Wie gesagt, Sie bestimmen den Reiseplan, das Ziel, den Weg und die Maßnahmen, um Ihr Ziel zu erreichen. Dabei sind Sie Ihr eigener Chef.

Kapitel drei: Wie kann ich mich psychologisch auf meinen Job vorbereiten?

Jetzt ist es (endlich) soweit: Sie brechen auf in Ihre neue berufliche Zukunft. Blendend vorbereitet und voller Erwartungen sehen Sie dem Eintritt in die neue Firma, den Kollegen und den beruflichen Herausforderungen entgegen, die Sie bewältigen sollen. Ein wenig Aufregung begleitet Sie natürlich angesichts der neuen Lebenssituation. Vielleicht haben Sie sogar in der Nacht vor dem ersten Arbeitstag etwas unruhig geschlafen. Denn so viele Gedanken Sie sich vorher auch gemacht haben und so viel Informationen Sie auch über Ihre neue Firma sammeln konnten, Sie wissen nicht genau, welche Bedingungen Sie vorfinden.

Freudige Erwartung

Sie haben sich die passende Kleidung zurechtgelegt und kennen Ihren Arbeitsweg. Sie verfügen über genügend zeitlichen Spielraum, damit Sie an diesem Morgen unter keinen Umständen zu spät kommen.

Das Setting

Sie betreten die Firma, die von nun an Ihr zweites Zuhause sein wird. Sie wissen, an wen Sie sich wenden müssen, um begrüßt und vorgestellt zu werden. Und Sie spüren das Lampenfieber, das mit Ihrer neuen Rolle an einem noch fremden Schauplatz einhergeht.

Lampenfieber

Zum Arbeitsbeginn melden Sie sich bei Ihrem Vorgesetzten oder dem für Sie zuständigen Kollegen. Und Sie saugen die ersten Eindrücke auf wie ein Schwamm. Eventuell werden Ihnen als Willkommensgruß Blumen überreicht. Vielleicht ist die gesamte Abteilung versammelt, um Sie zu begrüßen. Möglicherweise stellt Sie der Chef allen Mitgliedern der Abteilung in einem Atemzug vor.

Anschließend steht ein Rundgang durch die Firma und die einzelnen Abteilungen an. Sie lernen die Sekretärinnen und die Verantwortlichen der einzelnen Unternehmensbereiche kennen. Sie können Fragen stellen und bekommen Antworten.

Praxis-Beispiel

Herr N.: Sein erster Arbeitstag

Früh am Morgen wacht Herr N. auf. Ihm ist bewusst, dass nun ein neuer Lebensabschnitt beginnt. Keine Uni-Vorlesungen mehr und keine Partys bis spät in die Nacht. Aber auch die wochenlangen Vorbereitungen auf Klausuren sind vorbei. Herr N. freut sich darauf, in die berufliche Praxis einzusteigen. Endlich kann er zeigen, was er gelernt hat. Noch hat er keine konkrete Vorstellung, welche Belastungen ein Fulltimejob mit sich bringt, doch er ist zuversichtlich, dass ihm der Start ins Berufsleben gelingt. Bisher hat er noch jede Schwierigkeit in seinem Leben gemeistert. Er freut sich auf die neue Herausforderung.

Er schlüpft in die zurechtgelegte Kleidung und kommt schließlich etwas aufgeregt, aber erwartungsvoll in der Event-Marketing-Firma an. Sein Chef empfängt ihn mit einem freundlichen: „Dann wollen wir mal" und führt ihn nun, seit dem Einstellungsgespräch zum zweiten Mal, durch die einzelnen Abteilungen. Zudem stellt er Herrn N. seinen zukünftigen Kollegen vor. Danach steht ein gemeinsames Gespräch mit den Kollegen seiner Abteilung bei einer Tasse Kaffee auf der Tagesordnung.

Herr N. ist neugierig auf seine Kollegen aus der Controlling-Abteilung und geht offen auf alle zu. Er stellt sich vor und erklärt, dass er sich auf die Zusammenarbeit freut. Herr N. versucht, sich die Gesichter und Namen seiner neuen Kollegen einzuprägen, um sie beim nächsten Mal auch außerhalb der Abteilung grüßen zu können. Noch fühlt er sich etwas isoliert. Er spürt, dass ihn eine Menge Nichtwissen aus dem Kollegenkreis ausschließt. Deshalb ist er froh, dass seine Kollegen ihm ebenfalls offen begegnen. Sie erklären ihm,

- wie die Aufgabenverteilung aussieht,
- wie sich die Auftragslage entwickelt,
- welche Regeln und Anordnungen in der Abteilung gelten,
- welche Erwartungen an ihn als neuen Mitarbeiter gestellt werden.

Einarbeitungsphase

Für die erste Zeit in der Firma bekommt Herr N. eine Kollegin an die Seite gestellt, die für ihn einen Einarbeitungsplan ausgearbeitet hat. Dabei soll er auch Einblicke in zwei andere Abteilungen bekommen. Die Kollegin ist Ansprechpartnerin in allen Fragen, die auftauchen werden. Sie zeigt Herrn N. seinen Arbeitsplatz sowie die weiteren Räumlichkeiten und beantwortet seine Fragen so ausführlich sie kann. Herr N. macht sich Notizen zu den wichtigsten Punkten. Er ist erleichtert, dass er nicht allein gelassen wird. Die Kollegin an seiner Seite gibt ihm Sicherheit. Sie wird ihn vor Fehlern bewahren, die er aus Unwissenheit machen könnte. Außerdem hilft sie ihm dabei, sich das notwendige Wissen schnell anzueignen, damit er seinen Job letztendlich eigenverantwortlich erledigen kann. ◀

Herr N. erlebt eine positive Art des Einstiegs. Sie müssen sich aber auch darauf gefasst machen, dass Ihr erster Arbeitstag möglicherweise sehr viel weniger planvoll verlaufen kann. Der Chef ist im Urlaub, und Sie werden ganz beiläufig von einem Ihrer neuen Kollegen begrüßt. Der weist Ihnen Ihren Arbeitsplatz zu, überlässt Sie aber ansonsten sich selbst. Sie stellen fest, dass Sie nicht einmal über einen eigenen Telefonanschluss verfügen, obwohl die Telefonakquise zu Ihrem Tätigkeitsprofil gehört.

Positiver Einstieg

Frau F.: Ihr erster Arbeitstag

Frau F. steht pünktlich und erwartungsvoll vor dem Gebäude, in dem Sie von nun an arbeiten wird. Nach ihrer Babypause freut sie sich darauf, wieder zu arbeiten, eine Aufgabe zu erfüllen und neue Menschen kennen zu lernen. Bisher hat sie nur mit dem Chef der Firma gesprochen. Sie macht sich vorab viele Gedanken über die neuen Kollegen. Gute Teamarbeit liegt ihr am Herzen. Sie braucht eine gute Atmosphäre, um sich wohl zu fühlen und gern zur Arbeit zu gehen.

Zögernd betritt sie das Bürogebäude, geht hinüber zum Empfangstresen und stellt sich vor: „Guten Tag, ich bin Frau F. Wie Sie vielleicht wissen, habe ich heute meinen ersten Tag hier. Ist denn der Chef der Vertriebsabteilung, Herr M., auch da?" Es herrscht ein reges Treiben im Büro, mehrere Leute rufen durcheinander, telefonieren. Die Kollegin am Empfang überlegt laut: „Hm, Herr M. musste kurzfristig zu einem wichtigen Kunden. Was mache ich denn jetzt mit Ihnen?"

Kurz entschlossen übergibt Sie Frau F. der Obhut einer Kollegin. Diese entschuldigt sich für das offensichtliche Chaos im Büro: „Montag ist immer so ein stressiger Tag, und da Herr M. noch nicht da ist, geb ich ihnen am besten gleich etwas zu schreiben. Wir werden schon noch eine freie Minute finden, um Sie den anderen Kollegen vorzustellen. Jetzt hat eh keiner Zeit. Ich zeige Ihnen Ihren vorläufigen Arbeitsplatz. Nehmen Sie am besten den von Herrn Karl; der ist heute krank. Es hat wohl bisher keiner daran gedacht, einen neuen Schreibtisch für Sie einzurichten. Lassen Sie sich aber nicht abschrecken, dies ist eigentlich nur ein ganz normales Büro."◄

Die beiden Beispiele sind sicherlich zugespitzt und werden in der Realität so nicht vorkommen. Wahrscheinlicher ist es, dass Sie ein Mittelding aus einer kurzen Begrüßung durch einen Ihrer neuen Vorgesetzten und einer anschließenden Einweisung durch einen Kollegen erleben werden. Sie inspi-

Zugespitzte Beispiele

zieren Ihren zukünftigen Arbeitsplatz, machen sich mit Ihren unmittelbaren Kollegen bekannt und schauen sich schon einmal um, über welche Arbeitsmittel Sie verfügen.

Herr A.: Sein erster Arbeitstag

Erfahren, wie Herr A. schon ist, hat er sich eine Stichwortliste für einen gelungenen Anfang zusammengestellt:

- Vorstellung der Räumlichkeiten, Rundgang,
- Vorstellung der Kollegen,
- erste Einführung in die Arbeitsaufgaben,
- genaue Arbeitsvorgaben,
- Hinweise auf Gemeinschafts- und Pausenräume,
- Hinweise auf Gewerkschaft und Betriebsarzt,
- Einzelgespräche mit den Mitarbeitern und dem Chef,
- verbindlicher Ansprechpartner.

Zum Erstaunen seines neuen Chefs bedient Herr A. sich tatsächlich dieses Zettels, um die einzelnen Punkte abzuhaken. „Das habe ich ja noch nie gesehen. Sie arbeiten ja mit allen intellektuellen Tricks", sagt sein Chef augenzwinkernd. „Das hab ich auf dem Bau gelernt", gibt Herr A. mit einem Schmunzeln zurück. „Eine Liste, die ich abhaken kann, macht den Kopf frei für die wesentlichen Dinge. Ich habe dann nie das Gefühl, dass ich etwas vergessen könnte."   ◄

Art des Empfangs
Der Empfang, Ihre Aufnahme in die Firma, ist ein erster Anhaltspunkt dafür, mit welcher Atmosphäre Sie künftig rechnen müssen. Wenn sich bereits am ersten Tag niemand um Sie kümmert, sollten Sie sich darauf einstellen, dass Sie auch in Zukunft auf sich allein gestellt sind. Die Art des Empfangs gibt Auskunft darüber,

- welchen Stellenwert Sie als neuer Mitarbeiter haben,
- wie viel Zeit sich die Firma nimmt, einen Neuling zu integrieren,
- ob die Kollegen Ihnen offen oder abweisend begegnen,
- ob es dem Chef wichtig ist, dass Sie da sind,
- ob Ihnen der Weg ins Team geebnet wird,
- welche Gewichtung die Arbeit hat, die Sie zu erledigen haben.

Suchen Sie in den ersten Tagen Antworten auf folgende Fragen:

Was konnten Sie bisher in Erfahrung bringen?	Ja	Nein
Ist meine Stelle neu geschaffen oder neu besetzt?		
Wo werde ich mich im Rahmen eines größeren betrieblichen Teams bewegen?		
Welches Engagement wird von mir erwartet?		
Welche speziellen Anforderungen sind mit meiner Stelle verbunden?		

Checkliste

Worksheet auf
CD-ROM!

Unternehmen, ob groß oder klein, sind mehr oder weniger flexible Organisationen, die sich entwickeln und verändern. Neulingen erscheint anfänglich manches starr und festgefahren. Die Abläufe wirken routiniert und kaum durchschaubar. Alles läuft – und für den außenstehenden Beobachter scheinbar ohne Reibungsverluste. Doch bald werden Sie eine andere Seite Ihrer neuen Wirkungsstätte kennen lernen ...

Der erste Tag legt Stimmung und Geschwindigkeit für Ihre Integration in   Der erste Tag
das betriebliche System fest. Es sollte in Ihrem und im Interesse Ihres Arbeitgebers liegen, diesen Tag so angenehm wie nur irgend möglich zu gestalten. Ab jetzt zählt jeder Eindruck und jede Wahrnehmung. Nicht nur in Bezug darauf, wie aufnahmefähig Sie sind, sondern auch dahingehend, wie lange Sie Ihre Motivation erhalten. Aufmerksames Zuhören, interessiertes Nachfragen, jeder technische, organisatorische oder persönliche Hinweis trägt dazu bei, Sie in der neuen Umgebung aufzunehmen. Als Faustregel gilt: Wie man Sie in der Firma empfängt, so werden Sie wahrscheinlich auch in Zukunft behandelt.

Weil Sie gut vorbereitet in den ersten Tag gehen, brauchen Sie sich keine   Gute Vorbe-
allzu großen Sorgen zu machen. Dennoch lässt sich ein bisschen Lampen-   reitung
fieber vor Ihrem ersten Auftritt in der neuen Arbeitskulisse nicht vermeiden. Und das ist auch gut so, denn diese leichte Erregung und das damit einhergehende Herzklopfen dienen Ihnen als Ansporn, eine gelungene erste Vorstellung abzugeben.

Der erste Tag macht Sie vertraut mit dem Setting, dem Schauplatz, der Kulisse Ihrer neuen Wirkungsstätte. Sie erleben die Bühne und Ihre Mitspieler in Aktion. Dabei sind Sie der Neuling, der Bühnenlaie, der neue Mitspieler, vielleicht auch die unerwünschte Konkurrenz. Und die Mitglieder des Ensembles, das aus allen Mitarbeitern der Firma besteht, werden Sie neugierig beäugen. Sie werden Ihnen ins Gesicht schauen, auf jedes Wort, das Sie sagen, achten, auf den Klang Ihrer Stimme, Ihre Betonungen, um herauszufinden, ob Sie für das Mitspielen geeignet sind. Das bedeutet, sie werden alles versuchen, um zu erkennen, wie die neue Kollegin beziehungsweise der neue Kollege „gestrickt" ist und insgeheim prüfen, wie sie beziehungsweise er sich in der zunächst noch unbekannten Umgebung zurechtfindet und verhält.

Die Darsteller und ihre Rollen

Der betriebliche Schauplatz — Um den betrieblichen Schauplatz zu durchschauen, ist es wichtig, die Rollen näher zu beleuchten, die auf dieser Bühne vertreten sind. In einem neuen Job treffen Sie unweigerlich auf Menschen, die Sie nicht kennen. Wenn Sie jemandem in der Arbeitsumgebung begegnen, nehmen Sie ihn oder sie zunächst in einer Rolle wahr. Das erleichtert Ihnen den Vorgang des Kennenlernens. Mit diesen Eindrücken verknüpfen Sie Vertrautes sowie Bekanntes. Egal ob Vorgesetzte, Kollege, Untergebener, Hausmeister oder Sekretärin – alle Mitarbeiter verkörpern eine gewisse Rolle auf dem betrieblichen Schauplatz.

Diese Betrachtungsweise erleichtert die Orientierung. Den einzelnen Mitarbeitern werden bestimmte überindividuelle, personenunabhängige Eigenschaften oder Verhaltensweisen zugeschrieben. Rolleninhaber präsentieren also charakteristische Muster, die Sie von ihnen erwarten.

Was erwarte ich von der Rolle des Chefs?

Chefrolle
- Er ist Ansprechpartner in allen Fragen.
- Er ist durchsetzungsfähig.
- Er übernimmt Verantwortung.
- Er entwirft strategische Planungen.
- Er führt die Mitarbeiter.
- Er trifft Entscheidungen.
- Er koordiniert, delegiert und kontrolliert Arbeitsabläufe.

Was erwarte ich von der Rolle der Kollegen?

- Sie sind Ansprechpartner, wenn es Probleme gibt.
- Sie setzen Entscheidungen und Anweisungen des Chefs um.
- Sie haben die Aufgabe, die Teamarbeit zu organisieren.
- Sie müssen neue Mitarbeiter ins Team integrieren.
- Sie kennen die offiziellen und informellen Hierarchien.
- Sie wissen um die Eigenheiten der Kollegen und des Chefs.
- Sie sind mit den Besonderheiten des Betriebs vertraut.
- Sie handeln nach festgelegten Ritualen.
- Sie neigen wegen langer Firmenzugehörigkeit zu Betriebsblindheit.

Ihr neues Umfeld trägt an Sie als Berufsanfänger, Um- oder Wiedereinsteiger vielfältige Erwartungen heran. Sie sollten sich für die Firma interessieren, pünktlich sein, sich in die Arbeit einführen lassen, Aufmerksamkeit zeigen, Gegebenheiten akzeptieren. Verhalten Sie sich gemäß den Erwartungen Ihrer Kollegen, ist Ihnen unter Umständen gar nicht bewusst, dass Sie einer sozialen Rolle entsprechen. Und wenn der Chef und die Kollegen so auftreten, wie Sie es annehmen, fällt auch Ihnen nicht auf, dass diese ihre Rolle erfüllen. Erwartung und Reaktion fügen sich zu einem harmonischen Handlungsfluss. *Vielfältige Erwartungen*

Von welchen Voraussetzungen gehen die anderen aus, wenn Sie als Neuling in einer Firma anfangen?

- Sie wissen noch wenig über die Besonderheiten des Betriebs.
- Sie verfügen noch über wenig aufgabenspezifisches Wissen.
- Sie sind noch unsicher.
- Sie sind bereit, sich anzupassen.
- Sie haben noch keinen Einblick in die Beziehungen der Mitarbeiter untereinander.
- Sie kennen die offiziellen und die informellen Hierarchien noch nicht. *Beziehungen der Mitarbeiter*
- Sie erkennen mit Ihrem unvoreingenommenen Blick Fehlentwicklungen und ineffiziente Abläufe.
- Sie verfügen über unverbrauchte Motivation.
- Sie dürfen es sich noch erlauben, Fehler zu machen.

Dennoch geht es heute nicht mehr nur darum, eine Rolle einfach zu übernehmen. Vielmehr ist es nötig, dass Sie diese gut, ja, überzeugend spielen.
Sie müssen Ihre (neuen) Arbeitskollegen dafür gewinnen, konstruktiv mit
Ihnen zusammenzuarbeiten oder Mehrarbeit zu leisten, wenn Sie einmal
krank sind.

Überzeugendes
Rollenspiel

Überzeugendes Rollenspiel integriert solche Gedanken. Die Kunst dabei ist
die Improvisation, durch die das Spiel getragen wird, auch wenn der Text
nicht in der Vorlage steht.

Daher sollten Sie der Rolle einen variablen Zuschnitt geben. Das erreichen
Sie, indem Sie Ihre Rolle als Neueinsteiger Ihrem Charakter gemäß anlegen.
Statten Sie Ihre neue Rolle mit jenen Vorzügen aus, die Sie auch in den üb-
rigen Lebensbereichen auszeichnen.

Lassen Sie folgende Empfehlungen in die Gestaltung Ihrer neuer Rolle einfließen:

- Beziehen Sie Ihre beruflichen und privaten Erfahrungen in Ihre Entschei-
  dungen mit ein!
- Verkaufen Sie sich nie unter Wert!
- Vermeiden Sie Übertreibungen, sowohl positive als auch negative!
- Bleiben Sie authentisch!
- Kommunizieren Sie offen!
- Seien Sie ehrlich, auch wenn Sie Fehler eingestehen müssen!
- Bringen Sie Ihr Wissen schnell auf den allgemeinen Stand!
- Integrieren Sie sich in das Team. Passen Sie sich den Gepflogenheiten an,
  indem Sie zum Beispiel am gemeinsamen Mittagessen teilnehmen oder
  feste Kaffeepausen einhalten!

Ein authentischer Mensch ist jemand, der unsicher ist, dieses Gefühl einge-
steht, daraus lernt und so an Sicherheit gewinnt. Ein Mensch dagegen, der
seine Unsicherheit zu überspielen versucht und dadurch arrogant wirkt,
handelt in diesem Sinne charakterfremd.

Tägliches Zu-
sammenspiel

Der betriebliche Ablauf besteht aus dem täglichen Zusammenspiel der Mitarbeiter. Der Chef übernimmt die Chefrolle, die Kollegen spielen jene Rollen, die ihnen unternehmensintern zugewiesen werden. Sie selbst spielen die
Rolle des Neulings. Einerseits wird Ihnen wahrscheinlich manches nachge-

sehen, weil Sie zunächst noch nicht alle Umstände durchschauen. Andererseits können Sie sich nicht über eine begrenzte zeitliche Spanne hinaus darauf berufen, dass Sie der neue Mitarbeiter oder die neue Mitarbeiterin sind und dass man Sie deswegen nur mit Samthandschuhen anfassen sollte. Als Neuling wird Ihnen durchaus zugestanden, dass Sie andere Fehler machen als ein langjähriger Mitarbeiter. Von Ihnen wird (noch) nicht erwartet, dass Sie alle relevanten Ansprechpartner kennen, über den Kundenstamm Bescheid wissen und die firmeninternen Abläufe beherrschen. Sie haben eine Zeitlang den Bonus, sich erst orientieren zu dürfen, bevor Sie wie jeder andere behandelt werden.

Was kann ich tun, wenn Rollenkonflikte entstehen?

Zu Rollenkonflikten kommt es, wenn Sie sich in Ihrer Rolle als Neuling nicht ernst genommen fühlen. Nicht jedes Unternehmen geht rücksichtsvoll mit neuen Mitarbeitern um. Vor allem dann, wenn die Firma Sie ins kalte Wasser springen lässt und die anderen Mitarbeiter nicht ausreichend Freiräume haben, Sie tatkräftig zu unterstützen, kommt es zu Schwierigkeiten und Konflikten, weil Sie Dinge zu bewältigen haben, die Ihrer momentanen Rolle in der Firma nicht entsprechen. *Ihre Rolle als Neuling*

Als Ursachen für Konflikte kommen in Frage:

- Es wird zu früh von Ihnen verlangt, einen schwierigen Kunden zu betreuen.
- Sie müssen ein Projekt betreuen, ohne dass Sie das dafür nötige Wissen haben.
- Alteingesessene Mitarbeiter versuchen, Ihnen unliebsame Arbeiten aufzubürden.
- Sie bekommen unklare und widersprüchliche Aufgabenstellungen.
- Die Vorstellungen der Vorgesetzten und Ihre als neuer Mitarbeiter sind unterschiedlich.

Solche Konflikte belasten einen neuen Mitarbeiter. Als Neuling wissen Sie häufig nicht, wie Sie sich dagegen wehren können, und versuchen doch, die gestellte Aufgabe nach bestem Wissen zu erledigen. Berufen Sie sich durchaus auf Ihre Rolle als Neuling, und erklären Sie, dass es unmöglich ist, gleich *Rollenkonflikte belasten* alles wie ein routinierter Kollege erledigen zu können. Zunächst mag es Ihr Selbstwertgefühl stärken, wenn Sie von Anfang an wie ein langjähriger Mitarbeiter behandelt werden und Ihnen entsprechende Aufgaben übertragen werden. Allerdings besteht die Gefahr der Überlastung, denn Sie können den Anforderungen (noch) nicht genügen.

Beachten Sie daher die folgenden Ratschläge, damit Sie Ihre Position im Betrieb finden:

- Vermeiden Sie es, sich eine Rollenkompetenz anzumaßen, die Ihnen zu Beginn nicht zukommt.
- Bestimmen Sie zunächst Ihre Rolle im betrieblichen Ablauf, und fangen Sie dann an, diese aktiv zu gestalten.
- Wenn Sie als Neuling gleich die ganze Firma umkrempeln wollen, können Sie kaum erwarten, dafür Verbündete zu gewinnen. Selbst wenn Sie mit manchen Kritikpunkten Recht haben sollten, steht es Ihnen und Ihrer gegenwärtigen Rolle nicht zu, sich allzu kritisch und abwertend über die Abläufe in der Firma zu äußern.

Wie funktioniert Kommunikation?

Bühnenspiel Zu dem Bühnenspiel, das an Ihrem ersten Tag in der Firma beginnt, gehört Kommunikation, und zwar verbale und nonverbale. Ihre kommunikativen Fähigkeiten entscheiden maßgeblich darüber, wie Sie sich in Ihrer neuen Rolle als Berufseinsteiger nicht nur in Szene, sondern auch in Beziehung setzen.

Ihr ganzes Wesen kommuniziert mit der Umgebung und nimmt ständig Kontakt mit ihr auf – über Kleidung, Gang, Körperhaltung, Blick, Sprache und Handlungsweisen. Sie teilen sich mit, nehmen Äußerungen wahr und gestalten die relevanten Dialoge. Sie senden ständig Nachrichten. Gleichzeitig empfangen Sie Botschaften aus Ihrer Umgebung und versuchen diese zu entschlüsseln. Sie verarbeiten sie weiter und lassen sie in die nachfolgende Kommunikation einfließen. Von Anfang an gestalten Sie die Dynamik der

Kommunikation und beeinflussen damit das eigene und das Beziehungs-
verhalten der anderen.

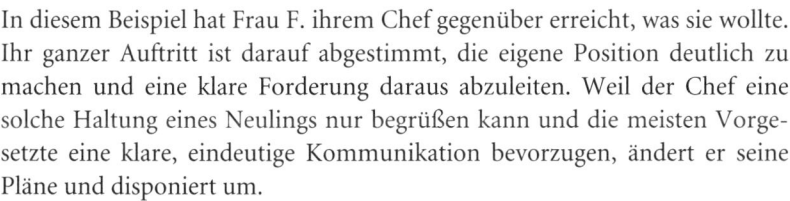

Frau F.: Direkte gelungene Kommunikation

Nach zwei Stunden, in denen sich Frau F. mit verschiedenen Computerpro-
grammen beschäftigt hat, kehrt Herr M., der sie eigentlich mit ihrem neuen
Arbeitsumfeld vertraut machen sollte, endlich von einem Termin zurück. Kaum
hat er seine Bürotür geschlossen, klopft Frau F. bei ihm an.

Herr M. weiß sofort Bescheid und entschuldigt sich bei Frau F. „Leider habe
ich in fünf Minuten eine weitere Besprechung", fügt er hinzu.

„Dann bitte ich Sie, mir anschließend etwas Zeit zu widmen", sagt Frau F. bestimmt. Ihre energische Körperhaltung, ihr Blick und ihre klare Stimme signalisieren Herrn M., dass Frau F. auf angemessener Behandlung besteht. Er
weicht ihrem Blick nicht aus und nickt. „Sie haben Recht. Um elf Uhr machen
wir einen Rundgang."   ◄

In diesem Beispiel hat Frau F. ihrem Chef gegenüber erreicht, was sie wollte.
Ihr ganzer Auftritt ist darauf abgestimmt, die eigene Position deutlich zu
machen und eine klare Forderung daraus abzuleiten. Weil der Chef eine
solche Haltung eines Neulings nur begrüßen kann und die meisten Vorgesetzte eine klare, eindeutige Kommunikation bevorzugen, ändert er seine
Pläne und disponiert um.

Die Kommunikation zwischen Frau F. und ihrem Chef wird durch einen   Beziehungs-
Sach- und einen Beziehungsaspekt bestimmt. Ihr Sachaspekt besteht aus der   und Sachaspekt
Mitteilung, dass sie die Neue ist und auf sich aufmerksam macht. Sein Sachaspekt ist, dass er unter Termindruck steht. Wie in jeder anderen Kommunikation ist auch hier der Beziehungsaspekt ausschlaggebend. Während der
Chef signalisiert, dass er eigentlich immer noch keine Zeit für Frau F. hat,
besteht Frau F. auf ihrem Beziehungsangebot: Ich bin die Neue, kümmern
Sie sich bitte um mich. Der Chef reagiert positiv auf das Angebot. Die beiden finden sich in einer funktionierenden Kommunikation wieder: Sie
konnte mit seiner Zustimmung die Wirkung erzielen, die sie beabsichtigt
hat.

Gleichgültig, wie sachlich Sie argumentieren, eine funktionierende Kom-   Funktionierende
munikation entscheidet sich durch die Beziehung. Wer Sie nicht leiden   Kommunikation

kann, wird auch Ihre sachlichen Argumente nicht hören wollen. Umgekehrt nimmt jemand, der Ihnen wohlgesinnt ist, fast jede sachliche Information von Ihnen an. Das kommt daher, dass Sie nicht nur über den verbalen Kanal mit Ihrer neuen Umgebung kommunizieren.

Folgende Signale ergänzen den gesprochenen Text und bestimmen die Beziehung zwischen Menschen:

- Mimik, Gestik,
- allgemeine Körpersprache, Haltung, Gang,
- Tonlage, Tonhöhe, Lautstärke,
- Geruch, Blickkontakt.

Einblick in Ihr Innenleben

Sie erlauben dem Empfänger einen tieferen Einblick in Ihr Innenleben. Als Sender der Nachricht geben Sie weitere Informationen über sich preis. Sie verleihen Ihrer Argumentation Nachdruck oder signalisieren, wie wenig wichtig Ihnen eine Angelegenheit im Grunde Ihres Herzens ist.

Mit dem folgenden Test können Sie für sich in Erfahrung bringen, welche kommunikativen Fähigkeiten Sie für Ihren neuen Job mitbringen. Beantworten Sie die Fragen ehrlich. Es geht in diesem Test nicht darum, gut abzuschneiden, sondern herauszufinden, in welchem Maße Sie über wichtige Qualitäten verfügen.

Test: Testen Sie Ihre kommunikativen Fähigkeiten

Trifft	nicht zu	manchmal zu	meistens zu	immer zu
Ich kann meine Gedanken klar ausdrücken.	4	3	2	1
Es fällt mir schwer, jemandem eine unangenehme Wahrheit mitzuteilen.	1	2	3	4
Meine Kollegen missverstehen mich oft.	1	2	3	4
Ich richte meine emotionalen Reaktionen danach, was in einer Unterhaltung gesagt wird.	4	3	2	1
Wenn ich zuhöre, schweifen meine Gedanken ab.	1	2	3	4
Es fällt mir schwer, meine Gefühle auszudrücken.	1	2	3	4
Ich bin immer etwas aufgeregt, wenn ich vor vielen Leuten reden soll.	1	2	3	4

Ich kann meinen Standpunkt in Besprechungen durchsetzen.	4	3	2	1
Ich rede mit Händen und Füßen, um mich verständlich zu machen.	4	3	2	1
Ich bitte um eine zusätzliche Erklärung, wenn ich eine Frage nicht verstehe.	4	3	2	1
Es fällt mir leicht, die Dinge aus der Perspektive eines anderen zu sehen.	4	3	2	1
Ich erkenne die Stimmung einer anderen Person, wenn ich sie anschaue.	4	3	2	1
Damit andere mich verstehen, sage ich ihnen, wie ich mich fühle, was ich denke und glaube.	4	3	2	1
Ich habe Interesse an dem, was andere zu sagen haben.	4	3	2	1
Es fällt mir schwer, jemanden zur Rede zu stellen, der meine Gefühle verletzt hat.	1	2	3	4
Es fällt mir schwer, meine Meinung zu sagen, wenn die anderen sie nicht teilen.	1	2	3	4
Ich verstehe nicht, worauf andere Menschen hinauswollen.	1	2	3	4
Ich bin so in Anspruch genommen von dem, was ich sage, dass ich die Reaktionen der anderen nicht bemerke.	1	2	3	4
Die Leute machen mich darauf aufmerksam, dass ich meine Stimme hebe, ohne es zu bemerken.	1	2	3	4
Ich vermeide es zu widersprechen, um andere Menschen nicht zu verärgern.	1	2	3	4

Testauswertung

Addieren Sie die Punktezahlen in den angekreuzten Felder.

20 bis 30 Punkte: Gratulation! Wenn Sie kommunizieren, treten keine Missverständnisse auf. Sie sagen verständlich, was Sie wollen. Sie überzeugen in Diskussionen durch klare Argumente. Dabei hilft Ihnen, dass Sie sich gut in Ihre Kollegen hineinversetzen und deren Lage nachvollziehen können. So ver-

Gute Kommunikation

letzen Sie niemanden unbeabsichtigt. In größeren Diskussionsrunden treten Sie selbstbewusst auf und lassen sich auch durch Ihre Vorgesetzten nicht von Ihrem Weg abbringen. Sie fragen so genau und hartnäckig nach, dass die wahren Gründe ans Licht kommen oder eine unbequeme Aufgabe doch noch rechtzeitig erledigt werden kann.

31 bis 50 Punkte: Sie beherrschen die wichtigen Regeln der Kommunikation gut. Kritische Situationen erkennen Sie sicher. Sie können Ihre Arbeitskollegen treffend einschätzen und kommunikativ auf Sie eingehen. Was Sie vermitteln wollen, kommt genau so an, wie Sie es beabsichtigen. Aber bei Ihnen gibt es noch Reserven: Sie könnten noch zielstrebiger kommunizieren, wenn Sie sich deutlicher machten, was Sie erreichen wollen. Suchen Sie noch öfter das Gespräch mit Ihren Kollegen, auch mit denen aus anderen Abteilungen. Die Routine, die Sie damit erwerben, wird Ihren kommunikativen Fähigkeiten zugute kommen.

Konsequentes Auftreten

51 bis 70 Punkte: Sie haben manchmal das Gefühl, Sie reden an Ihren Mitmenschen vorbei? Wenn Sie in einem großen Saal eine Ansprache vor vielen Leuten halten sollen, zittert Ihre Stimme? Sie können Ihre Kommunikation verbessern und damit leichter Ihre Ziele erreichen. Treten Sie noch konsequenter auf, sagen Sie laut und deutlich Ihre Meinung. Niemand wird Ihnen das verübeln. Schauen Sie Ihren Gesprächspartnern in die Augen. Beobachten Sie Ihre Körpersprache. Unterstützen Sie Ihre Worte durch angebrachte Mimik und Gestik. Sprechen Sie nicht zu schnell, sonst wirken Sie unsicher und sind schwerer zu verstehen.

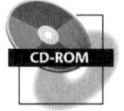

71 bis 80 Punkte: Sie versuchen Ihr Bestes, aber kommunikative Fähigkeiten gehören nicht zu Ihren Stärken. Gehen Sie den Ursachen unbedingt auf den Grund. Sind Sie unsicher? Warum sind Sie unsicher? Fehlt es Ihnen an Selbstbewusstsein? Haben Sie nicht zu viel Respekt vor Ihren Kollegen! Auch Ihr Chef kocht nur mit Wasser. Trauen Sie sich mehr zu! Drücken Sie einfach aus, was Ihnen gerade durch den Kopf geht, ohne Angst davor zu haben, dass Sie sich damit blamieren.

Störungen in der Kommunikation

Störungen Funktionierende Kommunikation ist trotz kommunikativer Fähigkeiten keineswegs die Regel. Vielmehr gehören Störungen im zwischenmenschlichen Verständnis zu den alltäglichen Widrigkeiten, die Sie auch im beruflichen Alltag kaum vermeiden können. Nicht jedes Mal ist es möglich, das erwünschte Ziel eines Gesprächs oder einer Auseinandersetzung zu erreichen. Zudem ist auch nie eindeutig ersichtlich, ob Ihre Kommunikationspartner ihre wahren Absichten offenbaren. Häufig sind sie sich nämlich selbst nicht im Klaren darüber. Störungen in der Kommunikation können durch folgende Faktoren verursacht werden:

- Mehrdeutigkeit (Lächeln, aber abweisende Körperhaltung),
- technische Störungen der Kommunikationsumgebung (sofort beantwortete E-Mails werden nicht unmittelbar zugestellt),
- Missverständnisse (aufgrund unterschiedlicher Informationen),
- Angriffe auf die persönliche Integrität (ungerechtfertigte Kritik, die offenkundig nur einer Laune entspringt),
- Kommunikation an den falschen Adressaten (ein Vorgesetzter tadelt einen Mitarbeiter, obwohl sein Unwillen eher dem eigenen Vorgesetzten gilt, der ihn kurz vorher kritisiert hat), **Falscher Adressat**
- die Annahme, das Gegenüber bringe bestimmte Gefühle in die Beziehung. Der Ursprung dieser Gefühle ist aber in einem selbst; Sie übertragen etwas auf Ihren Gegenüber, das in Ihnen selbst liegt.

Zu Störungen in der Kommunikation kann auch der unsensible Umgang mit Informationen führen, wie das folgende Beispiel zeigen soll.

Frau F.: Informationsabstimmung bei der Einarbeitung

Frau F. ist aufgeregt, denn sie wird in wenigen Augenblicken der Kollegin vorgestellt, die sie in den folgenden Tagen betreuen wird. Sie weiß, sie braucht eine gründliche und umfassende Einarbeitung. Für die Erledigung ihrer neuen Aufgaben ist sie auf die Erfahrung und auf das spezielle Wissen der Kollegin angewiesen.

Deswegen nimmt Frau F. sich vor, der Älteren offen und interessiert zu begegnen. Vorab hat sie erfahren, dass Frau R. ihre Stelle verlieren und in eine Filiale der Stadt O. versetzt wird. Bei der ersten Begegnung sind auch einige Mitarbeiter aus der Abteilung von Frau R. anwesend. Frau F. streckt ihrer Einarbeiterin die Hand entgegen und sagt: „Ich habe gehört, Sie gehen demnächst nach O ...“

Das Schweigen im Raum hätte nicht beredter sein können. Frau R. zieht die Augenbrauen hoch und schaut Frau F. entgeistert an. Die anderen Mitarbeiter reagieren nicht weniger verstört. Erst da beginnt Frau F. zu ahnen, dass sie **Vorsicht vor Fettnäpfchen** bereits an ihrem ersten Tag in ein Fettnäpfchen getreten ist. Noch wissen nämlich die Mitarbeiter von Frau R. nicht, wie es um die Zukunft der Chefin bestellt ist. Zwar hatte Frau F. bereits Einblick in das informelle Informationsnetz, doch konnte sie nicht wissen, dass die Neuigkeit noch nicht in die offiziellen betrieblichen Kanäle gelangt war.   ◄

Wissen über die Firma
Seien Sie deswegen besonders am Anfang vorsichtig mit der Weitergabe Ihres Wissens über die Firma oder über Mitarbeiter. Lernen Sie erst das Umfeld und die organisatorische Struktur kennen. Überlegen Sie sich eine unverfängliche, möglichst personenunabhängige Einleitung. Üben Sie zu Hause, wie Sie sich Ihren neuen Kollegen vorstellen. Gerade in der Einarbeitungszeit können falsche Bemerkungen kontraproduktiv sein. Was Sie sich hier gleich am Anfang verscherzen, können Sie in Zukunft nur schwer wieder gutmachen.

Experten-Tipp

So gestalten Sie als Neuling Beziehungen:

- Hüten Sie sich vor falscher Scham!
- Bewahren Sie sich am Anfang eine gewisse Naivität!
- Seien Sie nicht bereits am ersten Tag neunmalklug!
- Beobachten Sie genau, was vor Ihren Augen abläuft!
- Seien Sie wach und ausgeschlafen!
- Hüten Sie sich vor übereilten Schlüssen!
- Versprechen Sie nicht mehr, als Sie halten können!
- So, wie Sie heute auftreten, werden Sie morgen behandelt!   ◄

1. Hüten Sie sich vor falscher Scham!

Fragen stellen
Stellen Sie auch solche Fragen, die Ihnen dumm oder naiv erscheinen. Beantworten Sie nicht in vorauseilendem Gehorsam Fragen, deren Anworten Sie nicht kennen können. Gestehen Sie Ihre Unwissenheit ein. Auch fachlich können Sie nicht schon alles wissen. Nehmen Sie Hilfsangebote beim ersten Mal unbedingt an. Entscheiden Sie beim zweiten Mal, ob diese Ihnen tatsächlich nützen.

2. Bewahren Sie sich am Anfang eine gewisse Naivität!

Stellen Sie mehr Fragen, als Sie Antworten geben. Bewahren Sie sich Ihre Neugier. Lassen Sie nicht zu, dass Ihre Erfahrung Ihnen einen Streich spielt und Sie dazu verleitet, sofort routiniert zum Tagesgeschäft überzugehen. Sie haben in dieser Firma keinerlei Routine. Alles ist neu: der Chef, die Mitarbeiter, die Arbeitsabläufe.

3. Seien Sie nicht bereits am ersten Tag neunmalklug!

Lassen Sie am ersten Tag die anderen zu Wort kommen. Sie können durchaus auf interessierte Fragen, wie zum Beispiel woher Sie kommen und was Sie in den Betrieb geführt hat, antworten. Aber rennen Sie nicht durch alle Abteilungen, verteilen Visitenkarten und werben in eigener Sache. Sie machen sich dadurch nicht beliebt. *Zurückhaltung*

Vermeiden Sie es auch unbedingt, sich auf Dispute einzulassen, die die Arbeit, den Betrieb und die neue Situation betreffen. Ziehen Sie sich auf Ihren Status als Neuling und Lernender zurück. So sehr Ihre Kollegen auch versuchen werden, Sie zu testen, lassen Sie sich nicht in eine Falle locken. Halten Sie sich zurück, auch wenn Sie aufgefordert werden, in eigener Sache Stellung zu nehmen.

4. Beobachten Sie genau, was vor Ihren Augen abläuft!

Das Bühnenspiel, das sich vor Ihnen entwickelt, fordert Sie als Beobachter besonders heraus. Sie sind plötzlich selbst Teil des Firmenstücks und im Charakterfach tätig. Dennoch sollten Sie zunächst die anderen Mitarbeiter bei Ihrem Spiel genau beobachten: *Sie als Beobachter*

- Was für eine Art Mensch ist die Sekretärin des Chefs?
- Wie reagieren Ihre unmittelbaren Kollegen auf Sie?
- Wie ist der Empfang?
- Wie viel Zeit wird Ihnen gewidmet?
- Werden Sie durch die Firma geführt?
- Oder bekommen Sie alles via Fernerklärung erläutert?
- Wie hat sich die Firma auf Ihren ersten Tag vorbereitet?
- Gibt es bereits einen festen Arbeitsplatz für Sie, an dem Sie nach kurzer Zeit einsteigen können?

- Oder müssen Sie sich alles erst mühsam zusammensuchen: den Schreibtisch aus dem Keller, den Bürostuhl aus dem Lager, Telefon in fünf Tagen, Internetanschluss geplant ...

5. Seien Sie wach und ausgeschlafen!

Bereiten Sie sich auf den wichtigen Tag vor, indem Sie in der vorhergehenden Nacht ausreichend schlafen. Versuchen Sie, frisch und dynamisch aufzutreten. Werfen Sie vorher den Ballast ab, der Sie am ersten Tag ablenken könnte. Wenn Sie Kinder haben, stellen Sie sicher, dass für Eventualitäten (Krankheit, Abholen vom Kindergarten, Stau) vorgesorgt ist.

6. Hüten Sie sich vor übereilten Schlüssen!

Gefahr der Verallgemeinerung   Alle Beobachter neigen dazu, zwei Fehler zu machen: Sie verallgemeinern nur zu gern eine einzelne Beobachtung. Gerade so, als reiche eine einzige Information aus, um weitere Schlüsse ziehen zu können. Zugleich sehen die Beobachter ihr eigenes Verhalten und seine Auswirkungen eher punktuell und situativ, doch das Verhalten der anderen interpretieren sie als Ausdruck bestimmter Persönlichkeitsmerkmale.

Damit geben Beobachter die Welt nicht objektiv wieder. Doch der Mangel an Informationen hindert das Hirn nicht, entsprechende Interpretationen zu entwerfen. Schlüsse aus situativem Verhalten oder Persönlichkeitsmerkmalen zu ziehen dient dem Zweck, der eigenen Unsicherheit zu begegnen. Jedem Menschen ist an einer stabilen Welt und einer klaren Sicht darauf gelegen. Auch in Ihrem neuen Job wird Sie dieses Bedürfnis nach Sicherheit und Kontinuität begleiten.

7. Versprechen Sie nicht mehr, als Sie halten können!

Verpflichtungen vermeiden   Gehen Sie keine Verpflichtungen ein, die Sie schon bald bereuen könnten. In der ersten Zeit ist es möglich, Fragen mit dem Hinweis zu begegnen, dass Sie noch nichts Genaues wissen. Stellen Sie Ihr Licht nicht unter den Scheffel, aber übertreiben Sie auch nicht, wenn Sie dazu herausgefordert werden, sich selbst darzustellen.

Und protzen Sie nicht damit, was Sie bisher schon alles gemacht und geschafft haben. Sie müssen sich Ihren Ruf in der neuen Firma erst noch erarbeiten. Die anderen Kollegen werden merken, wie gut Sie sind, auch wenn Sie selbst nicht darüber reden.

8. So, wie Sie heute auftreten, werden Sie morgen behandelt!

Ihre Kollegen sind sehr sensibel dafür, wie sich eine Neue, ein Neuer ins Gefüge integriert. Nicht nur Sie schauen sich das Geschehen genau an, auch Ihre Kollegen treten als Beobachter auf. Behalten Sie dies bei Ihrem eigenen Auftritt im Auge.

An meinem ersten Arbeitstag werde ich	Ja	Nein
ausgeschlafen sein,		
pünktlich sein,		
gute Kleidung tragen, in der ich mich wohl fühle,		
gut informiert sein über die Firma,		
alle zugänglichen Medienberichte kennen,		
alle formalen Dinge erledigt haben,		
alle wichtigen Unterlagen bereithalten,		
am Abend keinen wichtigen Termin planen, um Zeit für Entspannung zu haben.		

Checkliste

Worksheet auf CD-ROM!

Denn jetzt sind Sie gefordert,

- Ihre eigenen Ideen einzubringen,
- sich Ihre Arbeitsbedingungen zu schaffen,
- freundlich, aber bestimmt das Notwendige in Erfahrung zu bringen,
- sich einen Überblick über die betrieblichen Abläufe zu verschaffen,
- auf die Kollegen zuzugehen,
- zu Ihrer Unwissenheit zu stehen,
- keine Angst zu haben, auch „dumme" Fragen zu stellen.

Kapitel vier: Wie wird meine neue Umgebung aussehen?

Hier erfahren Sie mehr darüber, wie sich die Eindrücke, die das neue Unternehmen in den ersten Tagen und Wochen hinterlässt, verändern und entwickeln können. Dabei steht jener Teil des kommunikativen Prozesses im Vordergrund, der Sie als Empfänger betrifft.

Die ersten Eindrücke

Das betriebliche Geflecht, in das Sie nun hineinwachsen, erschließt sich nicht auf den ersten Blick. Schon gar nicht, wenn Sie der Empfehlung aus Kapitel drei folgen, nämlich Einzelbeobachtungen nicht voreilig zu verallgemeinern. Zwar sind die ersten Eindrücke wichtig, und Sie können ihnen gar nicht genug Aufmerksamkeit schenken. Doch das System der Beziehungen, Feindseligkeiten und Freundschaften, der innerbetrieblichen Kooperation und Konkurrenz im Unternehmen zeigt sich erst nach einer gewissen Zeit deutlicher.

Wie wirkt das Unternehmen auf mich?

- Wie ist die Arbeitsatmosphäre?
- Wechselt der Mitarbeiterstamm häufig?
- Wie gehen die Kollegen miteinander um?
- Wie ist das Verhältnis zum Chef?
- Wie ist der Umgangston?
- Welche Rituale gibt es?

Zu Beginn saugen Sie alle Informationen auf, als wären Sie ein Schwamm. Viele Eigenarten der neuen, unbekannten Welt erschließen sich Ihnen. Sie sind aufmerksam, lauschen den Erklärungen über interne Abläufe, fragen nach. Sie lernen nach und nach die Mitarbeiter kennen, die von nun an den betrieblichen Alltag mit Ihnen teilen. Dabei begegnen Ihnen die unterschiedlichsten Persönlichkeiten, Männer und Frauen, fähige und in Ihren Augen unfähige Mitarbeiter.

Der neue Schauplatz hat also bereits erste Spuren hinterlassen. Sie wissen,

- wie einige Ihrer Kollegen heißen,
- wer Sie fragt, wie es Ihnen im neuen Job ergeht,
- wer Sie auffordert, gemeinsam zum Essen zu gehen,
- wo im Haus sich die Kaffeeküche, der Aufenthaltsraum oder die Kantine befinden,
- wer mit wem die Frühstücks- beziehungsweise die Mittagspause verbringt oder sich privat trifft,
- welcher von den Mitarbeitern welche Kollegen nicht mag,
- ob Sie den Anforderungen auf Dauer gerecht werden können,
- ob Sie mit Ihrem Chef zusammenarbeiten können,
- welche Kollegen sich um Sie kümmern,
- ob Sie wirklich länger in diesem Unternehmen bleiben wollen,
- wie viel Wissen Ihnen noch fehlt, um Ihren Job gut zu machen.

In jeder Organisationsform ist das Neue, das auf Sie einstürmt, sehr komplex. Bisher fehlen Ihnen noch viele Informationen beziehungsweise sind Ihnen einige entgangen. Obwohl Sie ständig auf Empfang sind, können Sie nicht alles gleichzeitig aufnehmen, verarbeiten und interpretieren. Erst sehr viel später, vielleicht lange nach dem Ende Ihrer Probezeit, werden Sie das Bild abrunden können.

Aktive Gestaltung
Das rührt daher, dass Sie als Empfänger von Kommunikation Ihre Umwelt aktiv und eigenständig gestalten. Und Sie agieren bereits selbst inmitten der neuen Wirklichkeit. Bis auf die organisatorischen Strukturen finden Sie diese Wirklichkeit des betrieblichen Alltags nicht einfach nur vor. Sie selbst wirken daran mit und integrieren sie in Ihr Leben. Ein anderer an Ihrer Stelle nähme die neue Firma auf ganz andere Weise wahr als Sie. Ihre Wahrnehmung der Firma ist beeinflusst durch

- Ihre Einstellung zur Arbeit,
- Ihr Interesse an Ihrer Tätigkeit,
- Ihre persönlichen Erfahrungen,
- Ihren Wunsch, sich mit der Firma zu identifizieren.

Objektive Arbeitsbedingungen
Die objektiven Arbeitsbedingungen geben erste Anhaltspunkte darüber, welchen Eindruck die Firma auf Sie macht. An dieser Stelle jedoch geht es um die subjektive Wirkung – und die hängt selbstverständlich von Ihnen

ab. So, wie Sie auch im übrigen Leben Ihre Umwelt erschaffen, indem Sie diese aktiv wahrnehmen und interpretieren, verfahren Sie auch in einem fremden Land oder einer (noch) fremden betrieblichen Umgebung. Deren Wirkung auf Sie hängt von Ihren Erwartungen (s. Kapitel eins) sowie von Ihrem Wünschen und Wollen (s. Kapitel zwei) ab.

Welche Kommunikationskanäle gibt es?

Die Kommunikationsforschung hat herausgefunden, dass es so etwas wie eine objektive Nachrichten- und Informationsübermittlung gar nicht gibt. Eine Botschaft erhält ihre Bedeutung erst im Ohr des Empfängers.

Herr N.: Wahrnehmung über die verschiedenen Kommunikations-kanäle

In Anwesenheit seiner Sekretärin sagt der Vorgesetzte zu Herrn N.: „Techtelmechtel am Arbeitsplatz schätze ich gar nicht. Darunter leidet nur die Arbeit." Neben der sachlichen Information versteht Herr N.: „Hüten Sie sich davor, meine hübsche Sekretärin zu verführen!"

Laut dem Klassiker der Kommunikationsforschung „Miteinander Reden" von Friedemann Schulz von Thun können dabei vier Empfangskanäle unterschieden werden:

- Das Sachohr empfängt: „Die Arbeit soll nicht leiden."

- Das Beziehungsohr empfängt: „Unser Verhältnis könnte leiden."

- Das Selbstoffenbarungsohr empfängt: „Ich mag es nicht, wenn meine Sekretärin angebaggert wird. Ich warne Sie."

- Das Appellohr empfängt: „Versuchen Sie es gar nicht erst."

Es liegt an Ihnen als Empfänger, auf welchem Kanal Sie das Gesagte wahrnehmen. Auch Frau F. im Praxisbeispiel steht es frei, welchem Kanal sie Priorität einräumt. Beachten Sie unbedingt, dass die Entscheidung für einen der Kanäle nicht bedeutet, dass die anderen eingeschränkt oder gar nicht berücksichtigt werden sollten.

Wahrneh-mungskanäle

Frau F.: Wahrnehmung über die verschiedenen Kanäle

Herr M. sagt mit leicht drängendem Unterton zu Frau F.: „Wann kann ich eigentlich mit der überarbeiteten Auftragsliste rechnen?"

Auf der Sachseite empfängt Frau F., dass Ihr Chef auf die überarbeitete Auftragsliste wartet. Selbstoffenbarend gibt der Chef zu verstehen, er brauche diese dringend! Er sei zudem verärgert, dass er nachfragen muss. Auf der Beziehungsseite signalisiert er Frau F. seine Unzufriedenheit mit ihr. Und letztendlich appelliert er an sie, ihm den genauen Überarbeitungstermin zu nennen. Frau F. achtet auf die nonverbale Kommunikation – den drängenden Unterton – und entscheidet richtig, dass die Auftragsliste erste Priorität hat. „Ich werde mich sofort um die Liste kümmern, damit Sie sie noch rechtzeitig bekommen."   ◄

Welche informellen Hierarchien kann ich erkennen?

In all den neuen Informationen, die Sie im Laufe der Zeit sammeln, sind auch Hinweise auf die informellen Hierarchien im Unternehmen enthalten. Damit entwerfen Sie ein inoffizielles Bild vom Aufbau der Organisation. Sie entdecken die wahren Machtzentren. Während die offiziellen Hierarchien durch ein Organigramm leicht zu erkennen sind, gestaltet sich das Wahrnehmen und Kennenlernen der informellen Hierarchien im Unternehmen weitaus schwieriger.

Das informelle Geflecht Folgende Kriterien geben Ihnen darüber Aufschluss, ob Mitarbeiter oder Gruppen von Mitarbeitern wichtige Positionen im informellen Geflecht der Firma einnehmen:

- Räumliche und persönliche Nähe zum Chef,
- gebündelte Informationskanäle,
- langjährige Betriebszugehörigkeit,
- Gewerkschaftsmitglieder/Betriebsrat,
- Mitarbeiter mit abteilungsübergreifenden Aufgaben.

Räumliche und persönliche Nähe zum Chef

Intensives Vertrauensverhältnis Insbesondere im Vorzimmer des Chefs bündeln sich informelles Wissen und informelle Macht. Sekretärinnen wissen, wann die Chefs in Sitzungen sind, wann sie wo Urlaub machen, wann sie nicht gestört werden wollen und welchen unternehmerischen Planungen sie sich gerade widmen. In der

Regel besteht zwischen den Vorzimmerbeschäftigten und den Vorgesetzten ein intensives Vertrauensverhältnis.

Gebündelte Informationskanäle

Bezüglich weiterer Informationskanäle ist zum Beispiel die Telefonzentrale eine entscheidende Schnittstelle. Hier erfahren Sie, wer mit wem redet, aber auch wer generell wen anruft und wen nicht.

Telefonzentrale

Langjährige Betriebszugehörigkeit

Mitarbeiter, die bereits lange Jahre in einem Unternehmen beschäftigt sind, nehmen in der informellen Hierarchie eine Sonderstellung ein. Ein Neuling kann von ihnen erfahren, wer in den letzten Jahren in der Chefabteilung anfing und wieder ging, aus welchen Gründen vor Jahren ein Konkurs drohte oder weshalb der Abteilungsleiter Rechnungswesen die Kollegin aus dem Vertrieb nicht leiden kann.

Gewerkschaftsmitglieder/Betriebsrat

Diese Mitarbeiter sind Ansprechpartner innerhalb der Firma. Sie vertreten die Interessen der Beschäftigten, achten auf Arbeitsschutz und Tarifverträge. Aus Ihrer Rolle ergibt sich ein hoher informeller Einfluss.

Ansprechpartner in der Firma

Mitarbeiter mit abteilungsübergreifenden Aufgaben

Pförtner und Hausmeister oder Hausdienste gehören ebenfalls zu den bestinformierten Kreisen in den Unternehmen. Das ist nahe liegend. Im Zweifelsfall sind sie für alle Abteilungen der Firma zuständig und haben daher Kontakte zu vielen anderen Mitarbeitern aus den unterschiedlichen Arbeitsbereichen.

Herr N.: Nutzung von informellem Wissen

Durch eine fehlgeleitete E-Mail erfährt Herr N., dass die Kollegen der Abteilung Marketing sich regelmäßig privat treffen, miteinander reden und Erfahrungen austauschen. Herr N. sieht im Marketing langfristig bessere Aufstiegschancen. Die Aufgaben dort kommem seinen beruflichen Interessen mehr entgegen als seine jetzige Tätigkeit im Bereich Controlling. Also sucht er über einen ihm sympathischen Kollegen Zugang zu diesem Kreis. ◄

Informelle
Hierarchien

Das Durchschauen informeller Hierarchien dient einem Neuling dazu, die eigene Position innerhalb des Unternehmens zu bestimmen. In Gesprächen mit Mitarbeitern an den beschriebenen Schnittstellen können Ungereimtheiten geklärt werden.

Außerdem bewahren diese Kollegen einen Betriebsneuling davor, in Fallen zu tappen und beispielsweise dem Kollegen C. zu erzählen, dass der Kollege A. dieses oder jenes getan hat. Denn daran könnte Kollege A. aus guten Gründen kein Interesse haben. Wenn ein Chef einem Neuling wohlgesinnt ist, wird er diesem einen Hinweis geben, wer ihm mehr über das informelle Innenleben des Unternehmens sagen kann.

Kollegen auf einer höheren Hierarchiestufe

Führungsstil
des Chefs

Wer sich als Chef über die informellen Strukturen äußert, offenbart bereits seinen Führungsstil. Ein solcher Vorgesetzter möchte Transparenz und hat ein großes Interesse daran, dass der neue Mitarbeiter möglichst viel über das Unternehmen erfährt. Die erste Wirkung, die von einem Chef ausgeht, ist auf seinen Führungsstil zurückzuführen. Dieser kann direktiv, kooperativ oder chaotisch-uneindeutig sein. Ein Chef hat also die Wahl, sich hinter seinem Schreibtisch zu verschanzen und per Verordnung zu regieren. Oder er geht offen auf seine Untergebenen zu und sucht gemeinsam mit ihnen nach Lösungen, wenn Probleme anstehen oder Entscheidungen zu treffen sind.

Test: Wie ist
mein Chef?

Mein Chef	Ja	Nein
bringt seinen Mitarbeitern Vertrauen entgegen,		
teilt Erfolgserlebnisse mit anderen,		
setzt Machtmittel nicht aus Eigennutz ein,		
spricht über eigene Absichten und Gefühle,		
bleibt immer sachlich, wird nicht persönlich,		
formuliert klar und verständlich,		
greift Ideen auf,		
erkennt Gefühle anderer und berücksichtigt sie,		
hört zu und unterbricht nicht,		
berücksichtigt alle vorhandenen Informationen.		

CD-ROM

Testauswertung

Wenn Sie mehr als zwei Drittel der Sätze mit Ja bestätigt haben, handelt es sich um einen ausgesprochen kompetenten Chef, der einen kooperativen Führungsstil pflegt. Ein solcher Vorgesetzter nähert sich seinen Mitarbeitern ohne Scheu und grundloses Misstrauen. Er zeigt Interesse am Geschehen, an ihren Ideen und Vorschlägen. Doch ist er auch bereit, Kritik anzunehmen, und schämt sich nicht, eigene Fehler zuzugeben. Ein solcher Chef versucht seine Mitarbeiter entsprechend ihren Talenten und Fähigkeiten zu fördern und wird immer bestrebt sein, ein für alle Seiten angenehmes Arbeitsklima zu schaffen.

Überwiegen die Nein-Antworten, stehen Sie vor einem Problem. Bleiben Sie dennoch offen, und sprechen Sie Ihre Unzufriedenheit mit dem Führungsstil an. Legen Sie dar, wie sehr Ihnen an einem kooperativen Miteinander gelegen ist.

Kollegen auf gleicher Hierarchiestufe

Unternehmen werden von den dort Beschäftigten mit Leben gefüllt. Und Menschen begegnen sich, besonders wenn es sich um größere Gruppen handelt, selten in Harmonie und Eintracht. Gerade betriebliche Abläufe können durch Feindseligkeiten gestört werden. Beispielsweise mag Kollege C. den Kollegen A. nicht, weil er ihn beim Chef anschwärzen wollte. Es kann sogar vorkommen, dass die Besitzer eines Unternehmens nur schriftlich oder über Anwälte miteinander verkehren. Damit werden sowohl der Ablauf als auch vor allem unternehmerische Entscheidungsprozesse erheblich behindert.

Störende Feindseligkeiten

Herr N.: Abweisendes Verhalten der Kollegen

Vier Wochen nach seinem Start im neuen Job hat sich bei Herrn N. die erste Euphorie gelegt. Er komme sich regelmäßig wie ein grüner Junge vor, berichtet er Frau F., als Sie sich wieder einmal verabreden. „Ich habe das Gefühl, ich kann nichts. Manchmal kommen mir die Kollegen so fremd vor, und ich fühle mich fehl am Platz."

Frau F. tröstet Herrn N.: „Lass mal, das ging mir in meinem allerersten Job auch so. Du kommst aus der Ausbildung raus, bist hoch motiviert – und plötzlich unterhalten sich die Leute über Gartenzwerge. Ich kann verstehen, dass du verzweifeln möchtest. Trotzdem darfst du den Kopf nicht hängen lassen, weil deine Erwartungen enttäuscht wurden." ◄

Experten-Tipp

Mögliche Reaktionen auf Ihr Verhalten

Es kann Ihnen jederzeit passieren, dass die Freundlichkeit und Offenheit, mit der Sie auf Kolleginnen und Kollegen zugehen, nicht (sofort) erwidert wird. Es kann sein, dass die anderen Mitarbeiter Ihnen bestimmte Informationen vorenthalten, sodass Sie von manchen Angelegenheiten erst erfahren, wenn sie vorüber sind. Sie fühlen sich ausgegrenzt.

- Nehmen Sie dies im Moment keinesfalls persönlich!
- Reagieren Sie nicht gekränkt!
- Lassen Sie in Ihrer Freundlichkeit nicht nach!

Versetzen Sie sich in die Lage Ihrer Kollegen:

- Deren Stellung ist gefestigt.
- Sie brauchen nicht (mehr) auf eventuelle Beziehungsangebote einzugehen, da sie bereits in das Gefüge integriert sind.
- Das Interesse der Kollegen, auf einen Neuen zuzugehen, ist kleiner als das Interesse des Neuen an den Kollegen. ◀

Einfühlungsvermögen Die anderen können es sich leisten, Sie nicht in Ihren Kreis aufzunehmen. Sie jedoch werden weiter versuchen, in den kollegialen Kreis integriert zu werden. Diese Bemühungen bedürfen keiner Verrenkung und keiner Verstellung. Sie brauchen nur etwas Einfühlungsvermögen. Und Sie müssen erkennen, ob Ihre Offenheit im Moment aus arbeitstechnischen, persönlichen oder arbeitsklimatischen Gründen nicht erwidert wird. Dann verstärken Sie Ihre Aktivitäten in dem betreffenden Bereich, indem Sie

- nachfragen, warum Sie abweisend behandelt werden,
- geduldig auf Ihre Chance setzen und sich dabei immer präsent zeigen,
- sich freundlich und aufmerksam verhalten,
- jemanden ins Vertrauen ziehen, mit dem Sie die Situation besprechen können.

Teamgeschehen Wie Ihnen die Kollegen der gleichen Hierarchiestufe begegnen, hängt von der betrieblichen Kultur ab. Fördert die Unternehmenskultur ein eher konkurrenzbetontes Klima unter den Kollegen, müssen Sie sich auf einige Auseinandersetzungen vorbereiten, um Ihre Position zu erkämpfen. Herrscht im Unternehmen ein kooperatives Miteinander vor, bei dem alle in einem Boot sitzen, werden die Kollegen ein eigenes Interesse daran haben, Sie so schnell wie möglich ins Teamgeschehen einzubinden.

Ein weiterer Aspekt der Unternehmenskultur ist der Umgang mit Höflich-
keitsformen. Eine Umgebung, in der sich zum Beispiel alle siezen, ist meistens überschaubar und klar in ihren kommunikativen Ritualen. Gleichzeitig
wirkt die Atmosphäre eher förmlich und distanziert. Auf diese Weise soll
verhindert werden, dass zu enger privater Kontakt unter den Mitarbeitern
entsteht.

Dagegen ist die Atmosphäre lockerer, wenn die Kollegen zum vertrauten Du   **Lockere**
übergehen und damit signalisieren, dass sie auch auf persönlicher Ebene   **Atmosphäre**
kooperieren. Strenges Duzen hat sich vor allem in den modernen Techno-
logie- und IT-Unternehmen durchgesetzt (übernommen von den US-
Firmen in diesem Wirtschaftsbereich). Ansonsten finden Sie in den meisten
Betrieben eine Mischform. Am Anfang werden neue Kollegen gesiezt – und
je nachdem, wie sich die Verhältnisse entwickeln, schlagen die Beteiligten
vor, sich von einem bestimmten Zeitpunkt an zu duzen und mit Vornamen
anzureden.

Kollegen auf einer tieferen Hierarchiestufe

Kollegen, die auf einer organisatorisch niedrigeren Hierarchiestufe zusam-   **Freundlichkeit**
menarbeiten und denen gegenüber Sie weisungsbefugt sind, sollten Sie mit   **und Offenheit**
besonderer Aufmerksamkeit bedenken. Auch hier gilt Freundlichkeit und
Offenheit als oberster Grundsatz, auch wenn dieses Verhalten nicht unmittelbar erwidert wird.

Viele der Kollegen sind im betrieblichen Ablauf keine Entscheidungsträger.
Vielmehr sind sie es gewohnt, Aufträge Dritter abzuwickeln. In der Regel
reagieren sie pikiert und abweisend, wenn neue Mitarbeiter ihnen gegenüber zu forsch und fordernd auftreten. Gerade Sekretärinnen, Lagerarbeiter,
Telefonistinnen, EDV-Verantwortliche oder so genannte Hausdienste, die
für die Ausstattung mit Möbeln und technischem Gerät sorgen, können Ihnen den Alltag sehr erleichtern, wenn Sie es schaffen, ein gutes Verhältnis zu
ihnen aufbauen.

Wenn Sie gegenüber Mitarbeitern weisungsbefugt sind, beobachten Sie sie
genau, damit Sie Ihre Kollegen kennen lernen und Informationen über deren Fähigkeiten und Charaktereigenschaften sammeln können.

Was sollte ich nach einigen Tagen wissen?	Ja	Nein
Die Namen der Mitarbeiter,		
die Dauer der Betriebszugehörigkeit,		
Eigenschaften wie Zuverlässigkeit, Ehrlichkeit, Kooperationsfähigkeit,		
Qualität und Umfang der Arbeit,		
Aktivitäten der Mitarbeiter im Betriebsrat.		

Welche Rolle spielen betriebliche Rituale?

Traditionen Rituale gehören zum betrieblichen Alltag. Darunter ist zweierlei zu verstehen: zum einen gehören dazu Traditionen, die den Zusammenhalt der Organisation stärken (Betriebsausflüge, Weihnachtsfeiern), zum anderen sich wiederholende Abläufe, die fest verankert sind (regelmäßige Sitzungen, Verkündung der Quartalszahlen).

Rituale innerhalb der betrieblichen Ordnung

● binden die Mitarbeiter an gemeinsame Ziele und die Firmeninteressen,
● erhöhen die Identifikation mit dem betrieblichen Geschehen,
● sorgen für die breite Streuung von Informationen,
● stecken die Grenzen nach innen und außen ab,
● gewährleisten die betriebliche Ordnung,
● dienen dazu, Lob und Tadel zu auszusprechen.

Corporate Rituale schaffen einen Rahmen, auf den sich alle beziehen und aus dem alle
Identity ihr Verhalten ableiten können. Sie bilden das Gerüst dessen, was sich als firmeneigene Identität bezeichnen lässt – Corporate Identity.

Oft ist in schriftlicher Form festgehalten,

● wofür die Firma steht,
● was sie erreichen will und
● mit welchen Mitteln sie diese Ziele zu erreichen versucht.

Die Vorgaben beziehen sich auf das Verhalten der Mitarbeiter untereinander, den Umgang mit Kunden, aber auch auf allgemein in den Zyklus des Lebens eingebettete, betont nichtwirtschaftliche Grundsätze. Alle Mitarbeiter sollen sich dazu bekennen, gleichgültig, wo in der Hierarchiekette sie sich befinden. Solche Regeln sagen Ihnen, welche Werte Ihrem Arbeitgeber besonders am Herzen liegen. Sie zeigen, wo die Prioritäten liegen – und welches Verhalten von Ihnen erwartet wird. Zu den offenkundigsten Ritualen zählen folgende:

- Sitzungen,
- Feiern,
- Pausen,
- Fortbildungsmaßnahmen,
- Disziplinierungsrituale.

Sitzungen

Teamsitzungen, Projektsitzungen, Besprechungen mit dem Chef oder mit Kunden gehören genauso dazu wie abteilungsübergreifende Sitzungen oder das regelmäßige Diskutieren neuer Zahlen und Zustände im Rahmen von Mitarbeitergesprächen. *Diskussionen und Gespräche*

Feiern

Hierzu zählen Geburtstagsfeiern, Ein- oder Ausstände, Weihnachts- oder Jahresabschlussfeiern. Auch Betriebsausflüge fallen in diese Kategorie.

Pausen

Entweder suchen die Kollegen gemeinsam die Betriebskantine auf oder begeben sich gemeinsam in den Pausenraum. Wer sich diesen Aktivitäten unter Gleichen entzieht, wird merken, wie schwer es ist, innerhalb der Gruppe als gleichwertiges Mitglied akzeptiert zu werden.

Fortbildungsmaßnahmen

Auch Weiterbildungsveranstaltungen können rituelle Züge aufweisen. Hier wird den Mitarbeitern mit häufig gleich bleibender Methodik das neueste Wissen vermittelt. Anschließend sollen die Mitarbeiter dieses Wissen in die Praxis umsetzen. *Wissensvermittlung*

Disziplinierungsrituale

Häufig können derartige Rituale nur von erfahrenen Mitarbeitern gedeutet werden. Wenn innerhalb des Betriebs eine Versetzung ansteht, eine Abmahnung ausgesprochen oder ein spezielles Treffen vereinbart wird, wissen alle Beteiligten, dass es schlimmer kommt, wenn der Betreffende sich nicht ändert oder die eingeleitete Maßnahme nicht fruchtet. Eine Abmahnung ist in diesem Sinne ein Ritual, das auch arbeitsrechtlich verankert ist.

Welchen Ritualen muss ich gehorchen?

Prinzipiell gehen Sie nur die Rituale etwas an, die innerhalb der vertraglich vereinbarten Arbeitszeit (Sitzungen, Weiterbildungen) und im Rahmen des arbeitsvertraglich Ausgehandelten stattfinden. Allen anderen Traditionen, Treffen und Veranstaltungen können Sie fernbleiben. In vielen Fällen ist es jedoch sinnvoll, auch an solchen Ritualen teilzunehmen, um sich nicht aus dem Betriebsumfeld auszuschließen.

Welche Rituale kann ich ignorieren?

Freiwillige Rituale Generell ist es möglich, all jene Rituale zu ignorieren, die nicht im Arbeitsvertrag verankert sind. Sie können immer selbst entscheiden, ob Sie sich an den freiwilligen Ritualen beteiligen oder nicht. Sie müssen jedoch auch lernen, die Konsequenzen zu tragen. Wenn das Team einmal im Monat einen Kegelabend veranstaltet und Sie nicht ein einziges Mal teilnehmen, weil Sie nicht gern kegeln, kann Sie niemand dazu zwingen. Allerdings ergeben sich hieraus möglicherweise Folgen: Sie gelten dann schnell als elitär, hochnäsig und unkollegial. Und das kann durchaus Ihre weitere Arbeit beeinträchtigen. Bei solchen Treffen nämlich tauschen die Kollegen auch informell Neuigkeiten, Klatsch und Tratsch aus. Sie unterhalten sich über das betriebliche Geschehen und entwerfen eventuell Strategien, wann in welcher Sache wie zu verfahren ist. Sie müssen dann damit rechnen, dass Sie von dem informellen Fluss persönlicher und sachlicher Information abgekoppelt sind.

Arbeitspausen Ähnliches gilt für die Gestaltung der Arbeitspausen. Wirken Sie in einem relativ großen Team mit, wird es kaum möglich sein, dass alle Mitarbeiter ihre Pausen zur selben Zeit auf dieselbe Weise verbringen. Ist die Gruppe von überschaubarer Größe, lastet eventuell ein starker Druck auf Ihnen, sich an der etablierten Form der Pausengestaltung zu beteiligen.

Eine andere Form des Pausenrituals ist die Zigarettenpause. Insbesondere Nichtraucher können sich hierdurch unangenehm berührt fühlen. Es gehört nämlich häufig zum betrieblichen Alltag, einem rauchenden Mitarbeiter für eine Zigarettenlänge eine außervertragliche Arbeitspause zu gewähren. Hingegen stoßen nichtrauchende Mitarbeiter auf Ablehnung, wenn Sie eine kleine Pause einlegen, ohne eine Zigarette zu rauchen. In diesem Fall sollten Sie darauf beharren, dass gleiches Recht für alle gilt, und sich die fünfminütige Auszeit ebenfalls genehmigen.

Zigarettenpause

Selbstverständlich können Sie sich den bestehenden Ritualen auch dadurch entziehen, dass Sie versuchen, eigene Rituale zu etablieren. Beispielsweise indem Sie einmal in der Woche informell zu Kaffee und Kuchen einladen. Oder Sie versuchen, den Gruppenzusammenhalt zu fördern, indem Sie die Kollegen zu gemeinsamen Unternehmungen animieren – zum Beispiel zu einem Essen, einem Theaterbesuch oder einem Kartenspielabend.

Wie ist die Atmosphäre im Unternehmen?

Wenn Ihnen an Ihrem Fortkommen und an Ihrer Gesundheit gelegen ist, sollten Sie eine Antwort auf die Frage finden, welche Bedeutung den Mitarbeitern in der Firma zukommt. Zum Glück hat sich inzwischen in vielen Branchen der Gedanke durchgesetzt, dass das Potenzial der Beschäftigten über die bloße Arbeitskraft hinausgeht. Deswegen kümmern sich die Verantwortlichen in den Unternehmen inzwischen um den ganzen Menschen, weil ein Mitarbeiter nur so lange gut und effizient arbeitet, wie seine elementaren Bedürfnisse respektiert werden.

Bedeutung der Mitarbeiter

Betriebe aus den neuen Dienstleistungssparten und der Daten verarbeitenden Industrie berücksichtigen diese Erkenntnisse. Sie beteiligen Ihre Angestellten über Anteilsscheine am Erfolg des Unternehmens oder ebnen die Hierarchien im Unternehmen ein. Dort ist das Duzen bis in die Chefetage hinein üblich. Als entscheidendes Kriterium steht ganz pragmatisch die Förderung der Mitarbeitermotivation im Vordergrund. Davon hängt die Leistungsfähigkeit ab.

Förderung der Motivation

Eine solche Strategie

- steigert die Leistung,
- senkt die Kosten,
- mindert die Fehlzeiten,
- verringert die Fehlerrate,
- bindet die Mitarbeiter an die Firmenziele,
- schafft einen stabilen Mitarbeiterstamm.

Verbesserungs-
vorschläge
Ein wichtiger Faktor ist auch der Umgang mit Verbesserungsvorschlägen vonseiten der Mitarbeiter. Können diese ihre Ideen einbringen, stärkt das den Zusammenhalt der Organisation. Manche Firmen schütten regelmäßig Prämien aus, andere spendieren Betriebsausflüge, Incentivereisen oder gewähren Sonderurlaub.

Ein Klima jedoch, in dem Veränderungen blockiert werden, weil der Chef auf Anregungen und Verbesserungsvorschläge nicht eingeht, wirkt demotivierend und nutzt das Potenzial der Mitarbeiter nur begrenzt. Achten Sie auf Ihre Kollegen und fragen Sie sie, wie sie die Situation beurteilen. Möglicherweise können Sie eine gemeinsame Position in diesem Bereich finden und sich dann Gehör verschaffen.

Wie ist die Stimmung unter den Kollegen?

Sehr bald nach Ihrem Einstieg werden Sie bemerken, in welcher Stimmung Ihre Kollegen arbeiten und welche Atmosphäre insgesamt im Unternehmen herrscht. Ist sie gedrückt, angestrengt, entspannt oder kooperativ, motiviert, innovationsfreudig. Sie werden erkennen, ob alle nur auf ihre Arbeit konzentriert sind, ob die anderen Sie nur kurz grüßen und ansonsten ihre Wege gehen oder ob ein offenes Arbeitsklima herrscht. Im letzten Fall dürfen Sie auch Fragen stellen und müssen als Neuling nicht so tun, als wüssten Sie bereits alles und kämen hervorragend zurecht, ohne auf die anderen angewiesen zu sein.

Schlechtes
Klima
Hinweise auf ein schlechtes Arbeitsklima sind

- angespannte Gesichter,
- ein hoher Krankenstand,

- plötzliches Verstummen, wenn Dritte zum Gespräch hinzukommen,
- Hektik,
- Zeitmangel,
- Stress.

Der folgende Test gibt Ihnen Aufschluss darüber, wie es um die Stimmung in Ihrem neuen Unternehmen bestellt ist.

	Ja	Nein
Wird von Ihnen Notiz genommen, wenn Sie einen Raum betreten?		
Werden Sie zurückgegrüßt, wenn Sie grüßen?		
Haben Sie bereits mit den anderen Kollegen zu Mittag gegessen?		
Unterhalten sich die Kollegen gelegentlich auch über private Dinge?		
Bleiben berufliche Probleme in den Gesprächen während der Pausen außen vor?		
Befindet sich Ihr Unternehmen in einer stabilen wirtschaftlichen Situation?		
Sollen Mitarbeiter entlassen werden?		
Treffen sich die Kollegen auch in der Freizeit?		
Sind die Mitarbeiter zufrieden mit ihrer Arbeit?		
Empfinden Sie das Klima als kooperativ?		
Nimmt sich der Chef Zeit für die Probleme der Mitarbeiter?		

Test: Wie ist die Stimmung in Ihrem Unternehmen?

Worksheet auf CD-ROM!

Testauswertung

Haben Sie mehr als sieben der Fragen mit Ja beantwortet, ist es gut um die Stimmung in Ihrem Betrieb bestellt. Die Kollegen tauschen sich aus und interessieren sich auch über die Arbeit hinaus füreinander.

Überwiegen die Neins bei Ihren Antworten, müssen Sie sich Sorgen machen. Denn dann ist die Stimmung schlecht, die Mitarbeiter sind lustlos und wollen nichts miteinander zu tun haben. Das Arbeitsklima ist entweder depressiv-vermeidend oder manisch-konkurrent.

Beantworten Sie für sich die folgenden Fragen.

Checkliste

Wie wirkt das Unternehmen auf mich?	Ja	Nein
Wie ausgeprägt ist die Unternehmenskultur?		
Wie werden Veränderungsvorschläge aufgenommen?		
Wie werden die Mitarbeiter behandelt?		
Werden die Mitarbeiter in unternehmerische Entscheidungen einbezogen?		
Wie ist der Führungsstil des Hauses?		
Wer bezieht sich innerhalb des Hauses auf wen?		
Wer ist informell wofür zuständig?		
Duzen sich die Mitarbeiter?		

Worksheet auf
CD-ROM!

Kapitel fünf: Wie wirke ich auf meine neue Umgebung

Soziale Beziehungen und damit auch Arbeitsbeziehungen wirken immer in zwei Richtungen. Einerseits ist der Sender von Botschaften beteiligt, andererseits der Empfänger, der diesen erst ihre Bedeutung gibt (s. Kapitel vier). Ihre Rolle als Sender rückt nun in das Zentrum der Betrachtung. Als soziales Wesen kommunizieren Sie ständig mit Ihrer Umgebung. Bereits mit dem ersten Schritt hinein in die neue, noch fremde Welt verschicken Sie Nachrichten an Ihre Umgebung. Das geschieht durch Ihr Aussehen, Ihren Gang, durch die Aufmerksamkeit, die Sie der neuen Arbeitsumgebung entgegenbringen. Zunächst nehmen die Menschen in Ihrer Umgebung Sie über ihre Sinne wahr: Sender und Empfänger

- über den Gesichtssinn (optisch durch Kleidung und Körperhaltung),
- über das Gehör (akustisch durch die Stimme) und
- über den Geruchsinn (olfaktorisch durch Haut, Atem, Duft).

Bevor Sie sich jedoch konkret der Frage widmen, wie Sie auf andere wirken und dies vielleicht verbessern können, beantworten Sie sich die viel näher liegende Frage: Wie wirken Sie auf sich selbst? Schauen Sie in den Spiegel und schneiden Sie Grimassen. Betrachten Sie sich dann einige Sekunden, ohne das Gesicht zu bewegen. Legen Sie Ihr Gesicht in Zornesfalten und betrachten Sie sich genau. Reden Sie mit Ihrem Spiegelbild in normalem Tonfall, so als wären Sie in einer Sitzung und müssten ein Problem schildern. Wenn Sie sich beobachten, während Sie sich verschiedene Situationen vorstellen, sehen Sie, wie Ihr Gesicht arbeitet, wie Sie Ihre Mimik einsetzen, um andere zu überzeugen, oder wie Ihr Gesichtsausdruck Ihre Unsicherheit verrät. Wirkung auf sich selbst

---

Weitere Möglichkeiten, die eigene Wirkung zu testen.

- Tonbandaufnahmen: Testen Sie Ihre Wirkung am eigenen Anrufbeantworter. Nehmen Sie verschiedene Ansagen auf, und fragen Sie sich, wie sie auf jemanden wirken, der diese zu hören bekommt.

Experten-Tipp

- Videoaufnahmen: Wenn Sie eine Kamera besitzen, lassen Sie Ihre Bewegungen filmen (etwa während Sie eine Begrüßung nachspielen). Analysieren Sie das Material, und beobachten Sie Ihre Körpersprache, Ihre Haltung sowie die Wirkung, die Sie damit auf sich selbst erzielen.
- Freunde und Bekannte: Erkundigen Sie sich, wie diese Sie wahrnehmen.
- Achten Sie im Alltag auf Ihren Händedruck.
- Denken Sie über Rückmeldungen nach, die Sie bezüglich Ihres Äußeren bekommen.   ◄

Versendung verbaler Nachrichten
Schließlich vervollständigt die Art und Weise, wie Sie Ihre verbalen Nachrichten versenden, den Eindruck, den Sie hinterlassen. Als Sender stehen Ihnen wie dem Empfänger vier Kanäle zur Verfügung.

Frau F.: Probleme der Informationsvermittlung

Erinnern Sie sich an das Beispiel im vorhergehenden Kapitel? Herr M. will von Frau F. endlich eine Auftragsliste. Der drängende Unterton ihres Vorgesetzten zeigt Frau F., dass dieser die angeforderte Liste so schnell wie möglich haben möchte. Sie verspricht ihrem Chef, sich sofort darum zu kümmern.

Hätte der drängelnde Chef Frau F. jedoch in einer anderen Stimmung angetroffen, wäre ihre Reaktion unter Umständen ganz anders ausgefallen: „Ich habe mich wirklich beeilt, aber Ihr Auftrag war doch etwas zu kurzfristig."

- Sachebene: „Ich konnte es nicht schaffen, weil die Zeit zu kurz war."
- Beziehungsebene: „Ich bin nicht alleine verantwortlich."
- Selbstoffenbarungsebene: „Ich tue mein Bestes."
- Appellebene: „Bitte erteilen Sie solche Aufträge das nächste Mal früher."

Auch in dieser Situation bleibt Frau F. sachlich. Dabei stützt sie aber ihre Position, indem sie darauf hinweist, dass es nicht nur an ihr gelegen hat, dass die Liste nicht rechtzeitig vorlag. Sie möchte beim Chef bewirken, dass er ihr beim nächsten Mal mehr Zeit für einen Auftrag einräumt. Eine weitere Möglichkeit der Reaktion wäre: „Sie wollen immer alles sofort haben. Das geht manchmal eben nicht."

- Sachebene: „Ich habe den Auftrag noch nicht erledigen können."
- Beziehungsebene: „Mit Ihnen zu arbeiten fällt mir nicht immer leicht."
- Selbstoffenbarungsebene: „Ich bin überfordert."
- Appellebene: „Verlangen Sie nicht so viel von mir."   ◄

Im Gegensatz zum vorhergehenden Beispiel würde es Frau F. mit dieser Aussage schwer fallen, in ihrem Sinne auf den Chef einzuwirken. Sie sagt nichts Genaues über die tatsächlichen Gründe, warum sie den Auftrag nicht termingerecht ausführen konnte. Vielmehr macht sie den Chef dafür verantwortlich. Eine solche Kommunikation führt schnell zu weiteren Konflikten, denn der Chef wird vor allem wegen des Stils der neuen Mitarbeiterin verwundert sein.

Selbstverständlich entscheidet am Ende der Empfänger, welchem Kanal er das größere Gewicht beimisst. Als umsichtiger Chef könnte Herr M. die atmosphärischen Störungen und die vorwurfsvolle Haltung aufgreifen und mit Frau F. darüber sprechen. Ist er durch seine eigenen Aufgaben gestresst und hat keine Zeit, sich Frau F. zu widmen, könnte die Zusammenarbeit unter diesen Umständen schon frühzeitig beendet sein. Prioritäten

Wie wirke ich nach außen?

Die Psychologie fasst das Verhalten – sowohl verbales als auch nonverbales – unter dem Begriff „Eindrucksbildung" zusammen. Demnach sind alle Partner einer Kommunikation bewusst oder unbewusst bemüht, den Eindruck, den sie auf andere Menschen machen, zu steuern. Dabei verhalten sie sich wie Laienpsychologen, die ihre Mitmenschen beobachten und aufgrund ihrer Wahrnehmungen auf deren Motive, Absichten und Persönlichkeitsmerkmale schließen. Diese Schlüsse bestimmen dann das Verhalten des Beobachters gegenüber der beobachteten Person. Eindrucksbildung

Frau F. beeinflusst also die auf sie gerichtete Aufmerksamkeit in der Art, dass sie bei ihrem Chef ein gewünschtes Selbstbild erzeugt – im letzten Fall das einer überforderten Angestellten, die sich beschwert, weil sie unter Druck gesetzt wird. Ob die in der jeweiligen Situation vermittelte Selbstdarstellung langfristig tatsächlich wünschenswert ist, sei dahingestellt.

Das eigene Verhalten wird eingesetzt, um anderen Personen einen bestimmten Eindruck zu vermitteln. Dies dient dazu, soziale Anerkennung zu erzielen. Doch ebenso kann jemand sich ungünstig darstellen, wenn er dadurch das gewünschte Ziel erreichen kann. Auch hier gilt: So wie Sie sich heute in Beziehung setzen, werden Sie morgen von den Kollegen, Mitarbeitern und Chefs behandelt. Soziale Anerkennung

Selbstpräsenta-
tionsstrategien

Zu den Techniken der Eindrucksbildung zählen solche, die sich kurzfristig und situationsbezogen auswirken, des Weiteren gibt es langfristige und situationsübergreifende Selbstpräsentationsstrategien. Die Tabelle informiert über durchsetzungsbezogene und verteidigungsorientierte Strategien und Taktiken, angelehnt an die Ausführungen von Tedeschi, Lindskold und Rosenfeld in „Taktiken und Strategien der Eindrucksbildung".

Techniken der
Eindrucks-
bildung

Durchsetzende Taktik	
Ein Handelnder versucht, das Publikum durch positive Selbstdarstellung zu beeindrucken. Damit vergrößert sich seine soziale Macht. Er vertritt eigene Interessen Das Publikum erfüllt seine Wünsche.	■ Schmeicheln, ■ sich oder andere erhöhen, ■ konforme Meinungen äußern, ■ nett sein, anderen einen Gefallen tun, ■ einschüchtern, ■ hilfsbedürftig erscheinen, ■ rivalisierende Gruppen/Personen abwerten, ■ kompetent und intelligent erscheinen, ■ eigene Leistung herausstreichen, ■ eigene Leistung überbewerten, ■ sich mit einer anerkannten Gruppe identifizieren, ■ sich als beispielhaft, moralisch integer darstellen.
Verteidigende Taktik	
Ein Handelnder versucht zu verhindern oder zumindest einzuschränken, dass er beim Publikum an Ansehen verliert.	■ Sich aus einer misslichen Lage herauswinden, ■ sich als nicht verantwortlich hinstellen, ■ sich rechtfertigen, ■ andere über deren Misserfolge informieren, ■ Entschuldigungen.
Durchsetzende Strategie	
Ein Handelnder bemüht sich, eine dauerhaft gute Reputation zu erwerben, die über mehrere unterschiedliche Situationen hinweg wirksam ist.	■ Kompetent und als Experte erscheinen, ■ sich als attraktiv und liebenswert darstellen, ■ status- und prestigebetont, elitär auftreten, ■ Glaubwürdigkeit, Vertrauenswürdigkeit darstellen, ■ sich anderen gegenüber öffnen.
Verteidigende Strategie	
Ein Handelnder bemüht sich, ein Bild von sich zu vermitteln, wonach er über mehrere unterschiedliche Situationen hinweg nicht in vollem Maße für sein Handeln verantwortlich zu machen ist.	■ Sich hilflos und ängstlich darstellen, ■ sich als überfordert darstellen, ■ als Ausdruck der Nichtübernahme von Verantwortung Flucht in Alkohol-/Drogensucht, ■ Übernahme der Rolle des „Geisteskranken".

Eindrucksbildung findet also sowieso statt, unabhängig davon, auf welche Weise Sie versuchen, das Bild von sich an die Erwartungen der anderen anzupassen. In den meisten Situationen denken Sie gar nicht darüber nach, wie Ihr Verhalten aussehen könnte. Vielmehr handeln Sie so, als wüssten Sie, was von Ihnen erwartet wird. Der Eindruck, den Sie hinterlassen, ruft bei Ihrem Gegenüber die von Ihnen beabsichtige Reaktion hervor.

Um herauszufinden, wie Sie auf Ihre Umwelt wirken, beschäftigen Sie sich mit den folgenden Fragen. Beantworten Sie diese möglichst ehrlich. Der Test kann seinen Zweck nicht erfüllen, wenn Sie ein Wunschbild von sich zeichnen und die Fragen dementsprechend beantworten. Nur wenn Sie eine realistische Selbsteinschätzung vornehmen, ist es möglich, eigene Schwächen und Fehler zu erkennen, um dann das eigene Verhalten in die entsprechende Richtung zu verändern.

Wirkung nach außen

	Immer	Meistens	Selten	Nie
Ich kann klar und verständlich formulieren.				
Ich vertrete meine Meinung.				
Ich scheue keinen Konflikt.				
Ich passe mich der jeweiligen Situation an.				
Ich bin ein offener und heiterer Mensch.				
Ich bin kontaktfreudig.				
Ich lächle meine Mitmenschen an.				
Ich bin neugierig.				
Ich widme mich zielstrebig meinen Aufgaben.				
Ich ergreife die Gesprächsinitiative.				
Ich lasse mich nicht vertrösten.				
Ich höre zu und unterbreche nicht.				
Ich verstehe schnell, worauf andere hinauswollen, und kann darauf reagieren.				

Test: Wie wirke ich auf meine Umwelt?

Worksheet auf CD-ROM!

Testauswertung

Für jedes Immer geben Sie sich einen Punkt, für ein Kreuz bei Meistens zwei, für Selten drei und für nie vier Punkte. Addieren Sie dann die Punktezahlen, die Sie angekreuzt haben.

13 bis 26 Punkte: Sie wirken auf andere zielsicher, wach und aufgeweckt. Dabei laufen Sie allerdings Gefahr, manchmal über das Ziel hinauszuschießen. Sie sind direkt, können sich einbringen und machen nicht den Eindruck, als hätten Sie zu wenig Selbstvertrauen.

Andere müssen schon ähnlich stark sein wie Sie, um nicht von Ihnen überrollt zu werden. Sie haben nichts dagegen, im Mittelpunkt zu stehen und den anderen zu sagen, wo es langgeht.

27 bis 40 Punkte: Ihr Auftritt wirkt durchaus kraftvoll, und es gelingt Ihnen, andere immer wieder auf Ihre Seite zu ziehen. Gleichwohl könnten Sie manche Ihrer kommunikativen Fähigkeiten noch verbessern. Es gibt Situationen, in denen Sie sich noch nicht trauen, Ihre Sache überzeugend zu vertreten. Vielleicht fürchten Sie sich auch hin und wieder davor, zu sehr im Mittelpunkt zu stehen. Dabei wirken Sie allerdings so, als hätten Sie nichts dagegen, sich bei Gelegenheit in Szene zu setzen.

Über 40 Punkte: So sehr Sie sich auch bemühen, es fällt Ihnen schwer, sich anderen gegenüber angemessen darzustellen. Ihr Selbstvertrauen bräuchte eine gewisse Aufwertung, damit Sie sich besser durchsetzen und für sich selbst einstehen können.

Das Bild, das Sie anderen gegenüber abgeben, ist nicht besonders günstig. Sie erscheinen eher hilfsbedürftig und haben Schwierigkeiten, Kommunikation aktiv zu gestalten und zu steuern.

Äußerlichkeiten Ihre Wirkung im neuen Job beginnt mit Äußerlichkeiten, denn die inneren Werte setzen sich erst im Laufe der Zeit durch. Eine erste Einschätzungen Ihrer Persönlichkeit müssen Ihre neuen Kollegen zunächst anhand äußerer Merkmale treffen. Wie Sie denken, fühlen und handeln, können die Kollegen (noch) nicht wissen.

Zu den äußerlichen Merkmalen zählen:

- Frisur, Haarpflege,
- allgemeine Hygiene,
- Kleidung,
- Schuhwerk,
- Accessoires, Körperschmuck.

Kompromiss Um äußerlich möglichst einnehmend zu wirken, sollten Sie einen Kompromiss zwischen den Anforderungen der neuen Umgebung und Ihrem bisherigen Stil finden. Das wichtigste Kriterium hierbei ist, dass Sie sich damit wohl fühlen.

Herr A.: Unpassende Kleidung

Stolz zieht Herr A. seine neue Bundfaltenhose an. Das frisch gebügelte Hemd hängt griffbereit über dem Küchenstuhl. Endlich kann er den Baustellenmief hinter sich lassen, unter dem er jahrelang gelitten hat. Schnell bemerkt er jedoch, dass die von ihm gewählte Kleidung ihn bei seiner Arbeit in der technischen Anlage behindert.

Er hatte einen Hinweis beim Einstellungsgespräch falsch interpretiert: Der Chef hatte anklingen lassen, dass er zukünftig nicht mehr auf dem Bau arbeite, sondern auch direkt mit Kunden in Kontakt trete. Nach dieser ersten Enttäuschung wegen der falschen Vorstellungen, die er sich von seiner Arbeit gemacht hat, entscheidet Herr A., dass er sich praktischer kleiden wird, etwa mit einer dunklen Leinenhose, einem sportlichen Polohemd und bequemen, festen Schuhen.   ◄

Gleichgültig, was Sie tragen und wie Sie auftreten, als Neuling im Betrieb werden Sie immer Gesprächsthema sein. Auch wenn es Ihnen vielleicht verborgen bleibt, die Kollegen unterhalten sich über die Wirkung des Neuen beziehungsweise der Neuen. Das können Sie nicht vermeiden. Allerdings können Sie Einfluss darauf nehmen, in welcher Weise die Kollegen über Sie reden.

Schauen Sie sich in Ihrer neuen Umgebung genau um und beachten Sie folgende Empfehlungen:

- Beobachten Sie sich bei der Arbeit, und prüfen Sie, ob Ihre Kleidung der Arbeit angemessen ist.
- Beobachten Sie Ihre Kollegen, und weichen Sie mit Ihrem Stil nicht zu sehr von der im Unternehmen üblichen Art ab. Anpassung an gewisse Gepflogenheiten ist nicht mit völliger Selbstaufgabe gleichzusetzen.
- Wenn es im Unternehmen nicht sehr förmlich zugeht, kleiden Sie sich vor allem bequem.
- Donnern Sie sich nicht auf, als gingen Sie zu einer Modenschau.
- Achten Sie darauf, dass Ihre Kleidung korrekt sitzt.
- Achten Sie auf Ihren Geruch. Gerade für Kollegen, die nah mit Ihnen zusammenarbeiten, ist dies ein heikles Thema. Schweißgeruch, Knoblauch- oder Alkoholfahnen werden meist als unangenehm empfunden.   ◄

Worksheet auf CD-ROM!

Gepflegtes Äußeres

Alles in allem brauchen Sie sich bei Ihrem äußerlichen Auftreten nicht zu verrenken. Machen Sie Ihren Kollegen nur deutlich, dass Sie Ihrem Aussehen und Ihrer Wirkung Aufmerksamkeit schenken. Alles weitere ist Ihre Privatsache. Wenn Ihr Arbeitgeber zum Beispiel nicht wünscht, dass Sie ein (sichtbares) Piercing tragen, so wird er Ihnen das bereits im Einstellungsgespräch mitgeteilt haben.

Welche Höflichkeitsformeln sind angemessen?

Arbeitsklima

Das Arbeitsklima in Ihrer neuen Firma wird wesentlich davon bestimmt, wie die Kollegen miteinander umgehen. In einer Umgebung, in der sich alle duzen, herrscht eine weniger förmliche Atmosphäre. Unterhaltungen werden offener geführt. Ein Umfeld, in dem sich alle siezen, wirkt etwas distanzierter, förmlicher, außerdem sind die Grenzen meist klarer gezogen. Hier entstehen seltener kommunikative Missverständnisse, weil durch das Sie eine gewisse Distanz gewahrt bleibt. Eine solche Atmosphäre kommt der Arbeit durchaus zugute.

Mischform

Am wahrscheinlichsten ist jedoch, dass Sie auf eine Umgebung treffen, in der sich eine Mischform findet. Am Anfang werden Sie von allen gesiezt. Aber Sie bemerken gleichzeitig, dass manche Kollegen sich untereinander duzen. Ist dies der Fall, müssen Sie sich für eine der folgenden Vorgehensweisen entscheiden:

- Sie siezen die Kollegen und warten, bis Ihnen das Du angeboten wird.
- Sie bieten selbst das Du an.
- Sie duzen alle Kollegen bis auf den Chef.
- Sie duzen auch den Chef.
- Sie bieten nur den Kollegen das Du an, die Sie sympathisch finden und mit denen Sie auch private Gemeinsamkeiten haben.
- Sie bestehen auf dem Sie, weil Sie das Du zu privat für die Arbeit finden.

Wenn Sie nach ein paar Wochen in Ihrem neuen Job immer noch von Ihren Kollegen gesiezt werden, obwohl sich alle anderen duzen, sollten Sie selbst die Initiative ergreifen. Wenn nämlich niemand auf Sie zugeht, laufen Sie Gefahr, ausgegrenzt zu werden. Doch das können Sie durch eigene Aktivität verhindern.

Wie sehr bin ich von meiner Wirkung auf die Umgebung überzeugt?

Um Ihre Umgebung tatsächlich gezielt und in Ihrem Sinne beeinflussen zu können, müssen Sie auch von Ihrer Wirkung auf andere überzeugt sein. Der Psychologe Günter Krampen hat 1991 einen Test dazu vorgestellt. Beantworten Sie die Fragen offen und ehrlich.

	Sehr falsch	Falsch	Eher falsch	Eher richtig	Richtig	Sehr richtig
Ich komme mir manchmal taten- und ideenlos vor.	6	5	4	3	2	1
Mehrdeutige Situationen mag ich nicht, da ich nicht weiß, wie ich mich verhalten soll.	6	5	4	3	2	1
Ich weiß oft nicht, wie ich meine Wünsche verwirklichen soll.	6	5	4	3	2	1
Ich kenne viele Möglichkeiten, mich vor Erkrankungen zu schützen.	1	2	3	4	5	6
In unklaren oder gefährlichen Situationen weiß ich immer, was ich tun kann.	1	2	3	4	5	6
Manchmal weiß ich überhaupt nicht, was ich in einer Situation machen soll.	6	5	4	3	2	1
Auch in schwierigen Situationen fallen mir immer viele Handlungsalternativen ein.	1	2	3	4	5	6
Für die Lösung von Problemen fallen mir immer viele Möglichkeiten ein.	1	2	3	4	5	6
Es hängt hauptsächlich von mir ab, ob sich andere Menschen nach meinen Wünschen richten oder nicht.	1	2	3	4	5	6
Ob ich einen Unfall habe oder nicht, hängt allein von mir und meinem Verhalten ab.	1	2	3	4	5	6
Wenn ich Pläne schmiede, bin ich mir ganz sicher, dass das Geplante auch Wirklichkeit wird.	1	2	3	4	5	6

Test: Wie überzeugend bin ich?

Ich kann mich am besten selbst durch mein Verhalten vor Krankheiten schützen.	1	2	3	4	5	6
Ich kann sehr viel von dem, was in meinem Leben passiert, selbst bestimmen.	1	2	3	4	5	6
Gewöhnlich kann ich meine Interessen selbst vertreten und erreiche dabei das, was ich will.	1	2	3	4	5	6
Wenn ich bekomme, was ich will, so ist das immer eine Folge meiner Anstrengung und meines persönlichen Einsatzes.	1	2	3	4	5	6
Mein Lebenslauf und mein Alltag werden allein durch mein Verhalten und meine Wünsche bestimmt.	1	2	3	4	5	6

Worksheet auf
CD-ROM!

Testauswertung

Unter 40 Punkte: Sie verfügen über wenige Handlungsalternativen, verhalten sich abwartend und lassen sich schnell verunsichern. Sie schätzen sich als wenig durchsetzungsfähig ein. Eventuelle Erfolge schreiben Sie eher anderen oder den besonderen Umständen zu. Ihre Handlungen betrachten Sie als wenig effektiv zur Erreichung Ihrer Ziele. Für Sie empfiehlt sich ein Kommunikationstraining, mit dem Sie Ihre Fähigkeiten wesentlich fördern können. Die Teilnahme an Rollenspielen ermöglicht es Ihnen, einen weniger engen Kommunikations- und Verhaltensstil zu erproben.

40 bis 70 Punkte: Sie sind auf einem guten Weg. Allerdings sind Sie sich Ihrer Fähigkeiten noch nicht ganz sicher. Es gelingt Ihnen nur manchmal, Ihre kommunikativen Ziele zu erreichen. Wenn Sie sich durchsetzen, haben Sie den Eindruck, das Glück habe Ihnen zur Seite gestanden. Sie wissen, welche Vorgaben Sie sich machen und was Sie von sich erwarten können. Doch in den entscheidenden Situationen verlässt Sie hin und wieder der Mut. Wenn Sie weiterhin auf Ihr Verhalten achten, schaffen Sie es, das Quäntchen Selbstvertrauen zu erlangen, das Ihnen im Moment manchmal noch fehlt.

Über 70 Punkte: Neue oder problematische Situationen bereiten Ihnen keine großen Schwierigkeiten, da Sie über genügend Handlungsalternativen verfügen. Sie betrachten sich als selbstsicher, aktiv, ideenreich und tatkräftig. Ihr Selbstvertrauen ist groß genug, die Herausforderungen an Ihrer neuen Wirkungsstätte gut zu meistern. Sie erreichen häufig das Gewünschte und arbeiten effektiv an der Erreichung Ihrer Ziele. Sie pflegen insgesamt einen flexiblen Verhaltensstil.

Wie wirkt mein Kommunikationsstil?

Der Test zum Thema „Wirkung auf andere" hat es schon gezeigt: Nicht nur die Kleidung, sondern auch die Kommunikation wird durch den Stil bestimmt, den Sie pflegen. Zunächst werden Sie sicher eher zurückhaltend auftreten. Persönlicher Stil

Um den Stil des Hauses kennen zu lernen, sollten Sie zunächst in der Rolle des Beobachters bleiben. Stellen Sie Fragen und reden Sie weniger als sonst. Stehen Sie zu Ihrer Nervosität. Überspielen Sie dieses Gefühl nicht mit zu großer, vielleicht nur vorgegebener Selbstsicherheit. Reißen Sie das Gespräch nicht an sich. Geben Sie den anderen eine Chance, auf Sie zuzugehen. Achten Sie darauf, in welcher Lautstärke Sie reden. Wenn Sie zu leise sprechen und den Gesprächspartner somit zwingen, dauernd nachzufragen, fördern Sie die Beziehung nicht. Sprechen Sie zu laut, wirken Sie möglicherweise aufdringlich und penetrant.

Herr A.: Wahl des passenden Umgangstons

Herr A. hat den direktiven Ton, den er als Vorarbeiter auf der Baustelle gewöhnt war, noch nicht abgelegt. In einer Situation, in der sein technischer Assistent zum wiederholten Male länger als vorgesehen für das Auswechseln eines Bauteils benötigt, herrscht Herr A. ihn an: „So geht das nicht, mein Junge. Immer muss ich Ihnen bei der Arbeit über die Schulter schauen."

Der Assistent gibt zurück: „Sie hätten mich auch besser vorbereiten können."

Da platzt Herrn A. endgültig der Kragen und er sagt wütend: „Jetzt werd nicht noch frech, sonst ..."

Weil er realisiert, dass er sich im Ton vergriffen hat, verlässt Herr A. wutschnaubend die Szene.

Bei Herrn A. hatte sich offensichtlich schon vorher Frust über den Assistenten aufgestaut. Wahrscheinlich hat er bereits darauf gewartet, dass dieser Mitarbeiter erneut eine Aufgabe nicht zu seiner Zufriedenheit erledigt. Durch diesen Kommunikationsstil verschlechtert sich das Verhältnis zwischen Herrn A. und dem Assistenten. Wenn schwelende Konflikte ignoriert werden, ergeben sich möglicherweise schwer wiegende Folgen.

Werden Probleme frühzeitig angesprochen, bewirkt dies eine Art kontrollierter Explosion. Das Übergehen von Missstimmungen und Missverständnissen führt zu weit heftigeren und zudem unkontrollierbaren Ausbrüchen.

Um sich gut in die kommunikative Umgebung einzufügen, beherzigen Sie folgende Kommunikationsregeln:

- Bleiben Sie sachlich!
- Lassen Sie den anderen ausreden!
- Fragen Sie sofort nach, wenn Missverständnisse auftreten!
- Beseitigen Sie Unklarheiten sofort!
- Vermeiden Sie es, anderen etwas nachzutragen, ohne mit der betreffenden Person darüber zu sprechen!
- Seien Sie aufmerksam!
- Argumentieren Sie konstruktiv!
- Signalisieren Sie Kooperationsbereitschaft!
- Vermitteln Sie Ich- an Stelle von Du-Botschaften!   ◄

Du-Botschaften Auch wenn sie inhaltlich berechtigt sein mögen, zählen Du-Botschaften zu den am wenigsten Erfolg versprechenden kommunikativen Äußerungen, denn Sie transportieren unterschwellig immer einen Angriff, einen Vorwurf oder eine Distanzierung.

Du-Botschaften	Ich-Botschaften
Kannst du nicht wenigstens einmal dein Wort halten?	Ich habe gehofft, dass du diesmal zu deinem Wort stehst.
Du bist schon wieder zweimal zu spät gekommen.	Seit ich das letzte Mal mit dir gesprochen habe, ist mir aufgefallen, dass du dich zwei weitere Male verspätet hast.
Immer vergisst du die Hälfte von dem, was ich dir sage.	Mir fällt auf, dass du häufig unaufmerksam bist.
Deine Arbeitsweise bringt mich um den Verstand.	Ich mache mir Sorgen um das Ergebnis deiner Arbeit.
Wenn du dich da mal nicht verschätzt.	Ich habe meine Zweifel, aber ich wünsche dir, dass dieses Vorhaben gelingt.
Du ignorierst meine Anstrengungen schon wieder.	Ich bin enttäuscht über deine erneute Unaufmerksamkeit mir gegenüber.
Bilde dir nicht ein, du könntest einen Teil deiner Arbeit bei mir abladen.	Wenn ich es richtig sehe, verschiebt sich gerade die Arbeitsaufteilung zu meinen Ungunsten.

Du blockierst mich in meiner Arbeit.	Ich weiß momentan nicht, wie wir besser kooperieren könnten.
Du siehst aber heute wieder wie ausgekotzt aus.	Wenn ich mich nicht täusche, machst du einen ziemlich erschöpften Eindruck.
Du redest zu viel.	Ich würde dich bitten, mich das nächste Mal ebenfalls zu Wort kommen zu lassen.

Als Abschluss dieses Kapitels folgen noch einige Ratschläge, welches Verhalten Sie unbedingt sollten (NoNos) und welches sich empfiehlt (GoGos).

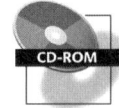

NoNo	GoGo
Den Arbeitsplatz nicht mit einem Laufsteg verwechseln.	Zuvorkommend sein.
Vorlaute Kommentare zur unpassenden Zeit.	Freundlich bleiben.
Den Laden besser kennen als die alteingesessenen Mitarbeiter.	Alle Mitarbeiter respektvoll behandeln, unabhängig von der betrieblichen Hierarchie.
Den Kollegen kritische Dinge unverblümt ins Gesicht sagen.	Die richtige Mischung aus Offenheit und Verschwiegenheit finden.
Sich einschmeicheln.	Nur die Verantwortung übernehmen, die Sie auch tragen können.
Sich mürrisch und unnahbar verhalten.	Grüßen Sie alle anderen Kollegen. Nur so finden Sie heraus, wer Sie nicht zurückgrüßt.
Leistung vortäuschen. Die Wahrheit kommt immer ans Licht.	Hilfsbereit sein.
Sich vor den Karren Dritter spannen lassen.	Nachsichtig mit den Fehlern anderer sein, dann wird auch Ihnen eher ein Fehler nachgesehen.
Sich verstellen.	Authentisch bleiben.
Sich auf Kosten anderer profilieren.	Die Arbeit anderer wertschätzen.

Kapitel sechs: Wo liegen meine Stärken und Schwächen?

Um Ihr Potenzial nutzen zu können, müssen Sie es zuerst einmal kennen und einschätzen lernen. Ihr Potenzial setzt sich zusammen aus

- Fähigkeiten und Fertigkeiten,
- Wissen (Allgemeinwissen, Fachwissen, Sprachkenntnisse) und
- Persönlichkeitsmerkmalen.

Mein eigenes Potenzial

Fähigkeiten und Fertigkeiten

Fähigkeiten sind komplexe Merkmale menschlicher Handlungs- und Erkenntnisgabe, über die nahezu alle Menschen verfügen. Sie versetzen Sie in den Stand, überhaupt angemessene Arbeitsleistungen vollbringen zu können. Zu den Fertigkeiten gehört hingegen das spezielle Handwerkszeug, das Sie benötigen, um die Anforderungen in Ihrem neuen Job zu bewältigen. Sie greifen beispielsweise automatisch auf eine Fertigkeit zurück, wenn Sie ein Textverarbeitungsprogramm anwenden. Fähigkeiten und Fertigkeiten ergänzen sich und bedingen einander.

Komplexe Merkmale

Zu den angeborenen körperlichen Fähigkeiten zählen:

- das sinnliche Wahrnehmungsvermögen (Tasten, Schmecken, Riechen, Sehen, Hören) sowie
- die grob- und feinmotorischen Fähigkeiten.

Zu den im weitesten Sinne angeborenen geistigen Fähigkeiten gehören:

- Denken in logischen Zusammenhängen,
- Vorstellungsvermögen,
- Abstraktionsvermögen,
- Kreativität.

Soziale und
berufliche
Fähigkeiten

Die im weitesten Sinne erlernten sozialen und beruflichen Fähigkeiten sind:

- Kommunikation,
- Kontaktfreude,
- Kooperationswillen,
- Organisationstalent,
- systematisches Vorgehen,
- Problemlösungsfähigkeit,
- Umgang mit technischen Hilfsmitteln.

Wissen

Fachliche
Qualifikationen

Ihr Wissensfundus setzt sich aus einem allgemeinen Weltwissen und dem Wissen zusammen, das Sie im Laufe Ihrer schulischen und beruflichen Laufbahn erworben haben. Dazu zählen Lesen, Rechnen und Schreiben genauso wie Ihre fachlichen Qualifikationen.

Persönlichkeitsmerkmale

Realistische
Einschätzung

Sie können als Mitarbeiter die besten Fähigkeiten und Fertigkeiten sowie alles nötige Wissen mitbringen, doch Sie erledigen Ihre Aufgaben immer vor dem Hintergrund bestimmter Persönlichkeitsmerkmale. Diese Basis kann förderlich oder hinderlich für die Entfaltung Ihrer Fähigkeiten und Fertigkeiten sein. Anhand der Aussagen im nachfolgenden Test können Sie überprüfen, wie es um Ihre Fähigkeiten und Kompetenzen bestellt ist, die Sie in Ihren neuen Job mitbringen. Um aus der Beantwortung hilfreiche Erkenntnisse zu gewinnen, bemühen Sie sich, sich selbst realistisch einzuschätzen. Nur ein offenes und ehrliches Bekenntnis zu Ihrer eigenen Persönlichkeit kann die Aussagen für Sie fruchtbar machen.

Zur Gegenprobe legen Sie diese Aussagen einem Menschen aus Ihrem Freundes- oder Bekanntenkreis vor. Machen Sie ihm ebenfalls deutlich, wie wichtig es ist, dass er Sie offen und aufrichtig einschätzt. Nur so können Sie bei der Auswertung beider Profile erkennen, wo Sie verschiedener Meinung sind, an welchen Stellen Ihre Einschätzungen voneinander abweichen. Suchen Sie sich deswegen einen Bekannten oder Freund aus, der Ihnen ehrlich begegnet und sich nicht scheut, Ihnen auch mal zu widersprechen.

„Ein großer Fehler: dass man sich mehr dünkt, als man ist und sich weniger schätzt, als man wert ist", sagte schon Goethe. Eine aufrichtige Selbsteinschätzung wird Sie sicher auf den richtigen Weg bringen. Konfrontieren Sie sich anhand folgender Aussagen mit Ihrem Bild von sich selbst.

Test: Selbstbild – Fremdbild

Aussagen	Schwache Zustimmung bis starke Zustimmung									
Ich habe keine Schwierigkeiten, andere in Diskussionen zu überzeugen.	1	2	3	4	5	6	7	8	9	10
Ich kann mich gut selber motivieren und meine Ziele verwirklichen.	1	2	3	4	5	6	7	8	9	10
Menschen, die eine ganz andere Auffassung haben als ich, begegne ich aufgeschlossen.	1	2	3	4	5	6	7	8	9	10
Meist verstehe ich sehr schnell, wenn mir jemand etwas erklären möchte.	1	2	3	4	5	6	7	8	9	10
Hohen Ansprüchen zu genügen ist mir eine Herzensangelegenheit.	1	2	3	4	5	6	7	8	9	10
Fremden Menschen zu begegnen und sie kennen zu lernen fällt mir leicht.	1	2	3	4	5	6	7	8	9	10
Mit anderen zusammenzuarbeiten bereichert mich.	1	2	3	4	5	6	7	8	9	10
Entscheidungen zu treffen bereitet mir keinerlei Schwierigkeiten.	1	2	3	4	5	6	7	8	9	10
Ich kann gut mit Stress umgehen.	1	2	3	4	5	6	7	8	9	10
Ich bin selbstbewusst genug, um genau zu wissen, was ich kann und was ich will.	1	2	3	4	5	6	7	8	9	10
Einen einmal gefassten Plan versuche ich konsequent umzusetzen.	1	2	3	4	5	6	7	8	9	10
Ich bin mir meiner selbst sicher.	1	2	3	4	5	6	7	8	9	10
Konstruktive Kritik nehme ich standhaft entgegen.	1	2	3	4	5	6	7	8	9	10
Ich kann manche Arbeiten auch ohne große Lust zu Ende bringen.	1	2	3	4	5	6	7	8	9	10
Es ist selbstverständlich, dass sich andere auf mich verlassen können.	1	2	3	4	5	6	7	8	9	10

Ich folge lieber meinen Regeln als den Anweisungen Dritter.	1	2	3	4	5	6	7	8	9	10
Ich fürchte mich nicht davor, vertretbare Risiken einzugehen.	1	2	3	4	5	6	7	8	9	10
Ich bin immer bereit, Neues aufzunehmen.	1	2	3	4	5	6	7	8	9	10
Bei Konflikten bin ich oft kompromissbereit.	1	2	3	4	5	6	7	8	9	10
Anderen zu helfen gehört zu meinen Grundsätzen.	1	2	3	4	5	6	7	8	9	10

Testauswertung

Diesen Test nur als Selbsttest auszuwerten und die Zahlen zu addieren reicht nicht aus, um tatsächlich etwas über sich selbst zu erfahren. Nur in Verbindung mit einer Fremdeinschätzung und dem anschließenden Profilvergleich ist der Test sinnvoll. Erst dann bekommen Sie verlässliche Angaben darüber, wie andere Menschen Sie im Vergleich zu Ihrer eigenen Einschätzung sehen. Zur Auswertung können Sie zum einen die Punkte zusammenzählen, zum anderen die angekreuzten Zellen verbinden und die dabei entstehenden Kurven miteinander vergleichen.

Abweichungen von mehr als vier Punkten bei einer Aussage sollten zu Diskussionen anregen. Am Ende erfahren Sie durch diesen Test nicht nur etwas über sich selbst und welche persönlichen Voraussetzungen Sie in den neuen Job mitbringen, sondern unter Umständen auch, wie anders das Bild ist, das andere von Ihnen haben. Machen Sie sich darauf gefasst, die eine oder andere Überraschung zu erleben.

Stärken und Schwächen

Neben Ihren angeborenen und erlernten Fähigkeiten und Fertigkeiten sowie Ihren beruflichen Qualifikationen bringen Sie spezifische persönliche Stärken und Schwächen in Ihre neue Firma ein.

Frau F.: Analyse der Stärken und Schwächen

Das kann ich gut	Das fällt mir eher schwer
Ruhe bewahren	Meine Ablage organisieren
Verlässlich handeln	Ruhe bewahren
Pünktlich sein	Ohne Nervosität vor anderen sprechen
Zeichnen	Zeitorganisation
Englisch	Kreativ arbeiten
Mich in andere Menschen hineinversetzen	Meine Ziele erreichen
Mich gut ausdrücken	
Zuhören	

Analysieren Sie Ihre Stärken und Schwächen!

Erstellen Sie eine Tabelle mit zwei Spalten. In die linke tragen Sie Ihre Stärken (Das kann ich gut ...) ein, in die rechte Ihre Schwächen (Das fällt mir eher schwer ...). Dazu finden Sie ein Worksheet auf der beiliegenden CD-ROM. Die eigenen Stärken und Schwächen zu kennen ist eine gute Grundlage, um das eigene Potenzial besser ausschöpfen zu können. Außerdem sind Sie gegen mögliche Konfrontationen mit Ihren Kollegen besser gewappnet. Der Hinweis auf eine Schwäche hinterlässt dann bei Ihnen nicht das Gefühl, entlarvt worden zu sein. Sie zeigen, dass Sie sich Ihrer Schwächen bewusst sind und das gibt Ihnen die Chance, sich in diesem Bereich zu verändern. Damit wiederum signalisieren Sie Ihrem Gesprächspartner Stärke, auch wenn es um eine Ihrer Schwächen geht. Schaffen Sie sich in diesem Bereich eine innere Balance und Ihre Auftritte in der neuen Firma werden zu Ihrer Zufriedenheit ausfallen.

Machen Sie sich Gedanken darüber, wo Ihre Stärken liegen. und versuchen Sie eine möglichst charakternahe Beschreibung. Verzichten Sie auf Allgemeinplätze, beurteilen Sie sich nüchtern auf der Basis Ihrer Tätigkeit. Sie können Ihr Wissen später einsetzen, um in Ihrer neuen Arbeitswelt Aufgaben zu lösen, die Ihren Stärken nahe kommen oder diese vielleicht sogar fördern. Nutzen Sie aber auch die Möglichkeit, Ihre Schwächen herauszufinden. Stellen Sie sich ihnen und begegnen Sie ihnen aktiv. Wenn Sie die Chance haben, sich weiterzubilden, tun Sie es. Reizen Sie Ihre Vorteile aus, doch vermeiden sie es, mit aufgesetzter Stärke Ihre Schwächen zu überspielen. Menschen, die zu solchen Mitteln greifen, machen sich schnell lächerlich, weil Sie nie oder nur

Charakternahe Beschreibung

selten halten können, was sie versprechen – auch nicht auf dem Gebiet ihrer Stärken.   ◄

Die folgenden Anregungen sollen Ihnen dabei helfen, Ihre Persönlichkeit einzuschätzen:

● Entscheiden Sie sich für ein bestimmtes Eigenschaftswort, das Sie charakterisiert: Welches ist das?
● Legen Sie eine Liste mit weiteren Eigenschaftswörtern an, die Ihnen zu Ihrer Person einfallen, sowohl positive als auch negative!
● Wie könnte der Eintrag lauten, wenn Ihr Name in einem Nachschlagewerk stünde? Fassen Sie zusammen, wer Sie sind und was Sie bemerkenswert macht!

Über welches Potenzial verfüge ich?

To Do

Wie erkenne ich mein Potenzial?

Um Ihr Potenzial zu Ihrer eigenen und zur Zufriedenheit Ihres Arbeitgebers zu nutzen, stellen Sie sich folgende Fragen. Notieren Sie die Antworten in kurzen Stichworten auf einem Blatt Papier.

■ Auf welche Stärken kann ich bauen?
■ Welche Schwächen sollte ich zu verändern versuchen?
■ Welche Erfahrungen aus der Vergangenheit fließen in die neue Situation ein?
■ Wovor wird mir angst und bange?
■ Was wirkt hemmend auf mich in der neuen Umgebung?
■ Wie ehrgeizig bin ich?
■ Wie sehr möchte ich mich in meinem neuen Job engagieren?   ◄

Worksheet auf CD-ROM!

Sie haben nun einen ganzen Katalog von Möglichkeiten, um sich optimal und entwicklungsfördernd in Ihrem neuen Job zu engagieren. Machen Sie sich folgende Strategien zu eigen, und Sie werden immer eine richtige Lösung für ein anstehendes Problem finden.

- Sie analysieren die Abläufe der Arbeitsorganisation.
- Sie wägen die Pros und Contras zur Zielerreichung ab.
- Sie untersuchen den Prozess und bauen sich Rückkopplungsschleifen ein, um immer wieder testen zu können, ob Sie sich noch auf dem richtigen Weg befinden.
- Sie reagieren flexibel und dynamisch auf Fehler und veränderte Rahmenbedingungen.
- Ihnen gehen nie die Ideen zur Lösung von Problemen aus, wenn eine Strategie fehlschlägt.
- Sie entwickeln meisterliche Kräfte im Improvisieren.   Improvisation
- Sie schrecken nicht vor ungewöhnlichen Wegen zurück, um ein Ziel zu erreichen.
- Bei allem Erfindungsreichtum und aller Flexibilität behalten Sie das Ziel immer im Auge.
- Die Entscheidung, wie ein Problem zu lösen ist, treffen Sie immer auf Basis der Machbarkeit.

Wie verhalte ich mich in Kritik- und Beurteilungsgesprächen?

Ein weiterer wichtiger Faktor für das Ausschöpfen des eigenen Potenzials sind Kritik- und Beurteilungsgespräche.

Herr A.: Umgang mit Kritikgesprächen

Der Vorgesetzte kommt auf Quereinsteiger Herrn A. zu: „Herr A., Sie sind jetzt zehn Wochen in meiner Firma, und es sind einige Dinge passiert, die ich in meinem Haus nicht unbedingt schätze. Ich möchte mit Ihnen morgen darüber reden. Passt es Ihnen gleich um zehn Uhr?"

Herr A. bestätigt den Termin. Er ist erschrocken, beunruhigt und sucht nach Anhaltspunkten, aber ihm ist nicht bewusst, einen größeren Fehler gemacht zu haben. Wie soll Herr A. sich innerlich auf das Kritikgespräch vorbereiten? ◄

Stellen Sie sich die Situation, die Sie bei einem solchen Gespräch erwartet,   Gründliche Vor-
vor. Versetzen Sie sich hinein, und fragen Sie sich, weswegen der Chef die-   bereitung

sen außerplanmäßigen Termin festgelegt haben könnte. Listen Sie verschiedene mögliche Kritikpunkte auf und überlegen Sie sich, was Sie dazu sagen möchten. Bleiben Sie dabei sachlich und konstruktiv. Rechnen Sie nie mit dem Schlimmsten, aber seien Sie darauf gefasst.

Für einen solchen Termin sollten Sie folgende Regeln beherzigen:

- Bewahren Sie die Ruhe!
- Setzen Sie sich entspannt hin und wechseln Sie Ihre Haltung nicht ständig!
- Halten Sie Blickkontakt mit Ihrem Gegenüber!
- Atmen Sie ruhig und tief ein, entspannen Sie sich!
- Hören Sie sich die vorgebrachte Kritik an!
- Unterbrechen Sie den Vorgesetzten nicht, um schnell Ihre Unschuld zu beteuern oder sich zu rechtfertigen!
- Reagieren Sie auf Anschuldigungen nicht emotional!
- Stehen Sie zu eigenem Fehlverhalten!
- Klären Sie Missverständnisse auf!
- Bringen Sie Vorschläge ein, wie die Situation zu verbessern wäre!
- Verstehen Sie das Kritikgespräch als Chance, Schwierigkeiten wie die besprochenen zukünftig gar nicht erst entstehen zu lassen!
- Suchen Sie gemeinsam mit Ihrem Chef aktiv nach einem Lösungsweg!

Bitte um ein zweites Gespräch

Überdenken Sie nach dem Gespräch die Argumente des Chefs und überlegen Sie, was sich von Ihrer Position aus verändern ließe. Lassen Sie sich Möglichkeiten einfallen, wie Sie die nötigen Veränderungen durchführen könnten! Bitten Sie um ein zweites Gespräch, wenn Sie eine konkrete Idee haben, wie Sie dabei verfahren wollen. Beobachten Sie, wie der Vorgesetzte auf Ihre Vorschläge und Änderungsabsichten reagiert. Suchen Sie mit ihm zusammen nach weiteren Verbesserungsmöglichkeiten. Ein guter Chef wird Sie gern auf diesem Weg begleiten.

Bert Brecht schrieb: „Schwierigkeiten werden nicht dadurch überwunden, dass sie verschwiegen werden." Warten Sie also nicht darauf, bis der Vorgesetzte Treffen, bei denen über Ihre Arbeitsleistung gesprochen wird, initiiert. Regen Sie selbst gemeinsame Gespräche an. Wenn Sie Ihr Potenzial nutzen wollen, suchen Sie aktiv Rückmeldungen über Ihre Arbeit. Auch wenn solche Vorschläge abgeschmettert werden, sollten Sie darauf bestehen, denn auch Ihr Arbeitgeber müsste ein großes Interesse daran haben, Ihnen zu sagen, was er von Ihrer Leistung hält.

Mit dieser Vorgehensweise lassen sich Schwierigkeiten vorhersehen und vermeiden. Möglicherweise ist der Chef sogar erleichtert, dass Sie auf ihn zugehen, weil es ihm schwer fällt – obwohl es zu seiner Rolle als Chef gehört – oder weil er noch nicht daran gedacht hat. Doch auch wenn es keine Probleme gibt, sollten Sie ein Feedback einholen.

Wie der Test zum Selbst- und Fremdbild ermöglicht auch ein Kritik- und Beurteilungsgespräch den Vergleich zwischen Selbstsicht und Fremdsicht. Vielleicht schätzen Sie Ihre Leistungen ja ganz anders ein als Ihr Chef. Vielleicht erwarten Sie Lob für Angelegenheiten, die der Chef eher für selbstverständlich und nicht weiter erwähnenswert hält. Fragen Sie nach. Erkundigen Sie sich. Es kann Ihnen nur Vorteile bringen, wenn Sie wissen, wie Sie sich steigern können.

Selbstsicht und Fremdsicht

Mit welchen Verhaltensstrategien kann ich mein Potenzial nutzen?

Angelehnt an die Ausführungen des amerikanischen Intelligenzforschers Robert J. Sternberg lernen Sie im Folgenden eine Reihe von Verhaltensweisen kennen, die Ihnen das Fortkommen erleichtern. Diesen liegt das Konzept von Sternberg zugrunde, das er in seinem Buch „Erfolgsintelligenz" ausführlich beschreibt.

Erfolgs-intelligenz

1. Lernen Sie, Ihre Impulse zu kontrollieren!
2. Setzen Sie Ihre Gedanken in Taten um!
3. Denken und handeln Sie ergebnisorientiert!
4. Führen Sie Ihre Aufgaben zu Ende!
5. Ergreifen Sie die Initiative!
6. Schieben Sie nichts auf die lange Bank!
7. Haben Sie keine Angst vor Fehlern und Fehlschlägen!
8. Akzeptieren Sie berechtigte Kritik!
9. Konzentrieren Sie sich auf Ihre beruflichen Ziele!

10. Lernen Sie, auf Belohnungen zu warten!

11. Betrachen Sie Ihre eigene Arbeit mit distanziertem Blick!

12. Nehmen Sie sich Zeit, überstürzen Sie nichts!

1. Lernen Sie, Ihre Impulse zu kontrollieren!

Impulsives Verhalten

Spontane Reaktionen sind in manchen Situationen sicherlich angezeigt. Sich von den eigenen Impulsen leiten zu lassen kann allerdings schnell problematisch werden. Sie geraten in den Ruf, unberechenbar und unbeherrscht zu sein. Auch weniger starken Impulsen, wie ständig dazwischenzureden, sollten Sie nicht nachgeben. Ihre Beliebtheit wächst dadurch nicht. Vielmehr müssen Sie damit rechnen, zurechtgewiesen oder geschnitten zu werden.

Experten-Tipp

Nehmen Sie sich daher folgende Empfehlungen zu Herzen:

■ Verlassen Sie sich nicht zu sehr auf spontane Ideen! Zwar zählen intuitive Einfälle zu den wichtigsten Quellen kreativer Aufgabenbewältigung, doch nicht zwangsläufig ist die erste Idee auch die beste.

■ Sammeln und notieren Sie Ihre Ideen!

■ Lassen Sie Ihre Gedanken assoziativ spielen!

■ Entscheiden Sie erst nach reiflicher Überlegung!

■ Beißen Sie sich nicht an einer Idee fest!

■ Verwerfen Sie Ideen, die zwar auf den ersten Blick attraktiv wirken, aber nach längerem Nachdenken nicht geeignet erscheinen, Probleme effizient und effektiv zu lösen. ◀

2. Setzen Sie Ihre Gedanken in Taten um!

Tatkraft

Denken Sie nicht nur darüber nach, was getan werden müsste, sondern tun Sie es auch. Je länger Sie Entscheidungen aufschieben, desto länger dauert die Phase, in der Sie grübeln – das absorbiert Energie. Erfolgsintelligentes Agieren

● wägt zwischen den verschiedenen Wegen ab,

● entscheidet sich für einen Weg und

● bleibt dann auch dabei.

Wer nur davon träumt, dieses oder jenes zu tun, ohne jemals auch nur das Geringste anzugehen, bleibt in seiner eigenen Traumwelt gefangen. Im Firmenalltag behindern Sie auf diese Weise nicht nur das eigene Fortkommen, sondern auch das Ihrer Kollegen.

3. Denken und handeln Sie ergebnisorientiert!

Beachten Sie folgende Vorgaben, damit Sie das gewünschte Ergebnis erreichen können:

- Verlieren Sie Ihr Ziel nicht aus den Augen!
- Trotzen Sie allen Schwierigkeiten!
- Gehen Sie Umwege!
- Planen Sie neu!
- Aber beharren Sie auf Ihren Zielen.

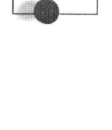

Viele Wege führen nach Rom. Und das gilt auch für das Ziel Ihrer Bemühungen. Überprüfen Sie permanent, ob Sie sich auf dem eingeschlagenen Weg dem Ziel nähern – oder ob Sie sich gar von ihm entfernen. Passen Sie Ihre Handlungen an sich verändernde Gegebenheiten an und halten Sie nicht stur an einer Strategie fest. Stellen Sie sich um, wenn Ihnen keine Handlungsalternative offen steht und betrachten Sie das Ziel von verschiedenen Seiten. Mit wie viel Aufwand müssen Sie realistisch gesehen rechnen, um das Ziel zu erreichen?

Kurskontrollen

4. Führen Sie Ihre Aufgaben zu Ende!

Erfolgsintelligente Menschen erledigen ihre Aufgaben, gleichgültig, welche Hindernisse sie dabei aus dem Weg räumen müssen. Ausgestattet mit dem Wissen über unterschiedliche Wege zum Ziel, verlieren sie das erwünschte Endergebnis nicht aus den Augen. Widerstände bringen sie nicht vom Weg ab. Dabei lernen sie, sich ihrer eigenen Mittel sicherer zu werden.

Gehen Sie vor, wie hier empfohlen, damit Sie Aufgaben vollständig erfüllen können.

- Ziehen Sie eine Zwischenbilanz!
- Nehmen Sie die erforderlichen Kurskorrekturen vor!

- Verzetteln Sie sich nicht!
- Arbeiten Sie Ihre Strategie Punkt für Punkt ab!
- Bleiben Sie dennoch flexibel!

5. Ergreifen Sie die Initiative!

Eigeninitiative Erfolgsintelligente Menschen verhalten sich nicht abwartend. Sie werden initiativ und handeln eigenverantwortlich. Keinesfalls warten sie darauf, dass andere kommen und ihnen sagen, was zu tun ist. Sie gehen Ideen und Projekte eigenständig an und verstehen es, diese in ihrem Sinne voranzutreiben.

Wenn Sie über diese Eigenschaften verfügen,

- übernehmen Sie die Kontrolle,
- merken Kollegen und Vorgesetzte, dass Sie eigenständig Verantwortung übernehmen,
- entwickeln Sie Ihre eigenen Ideen weiter,
- wird Ihnen im Laufe der Zeit mehr Verantwortung zugetraut,
- binden Sie sich stärker an Ziele, denn es sind Ihre eigenen.

6. Schieben Sie nichts auf die lange Bank!

Gute Zeit- Vermeiden Sie Verzögerungen! Erfolgsintelligente Menschen setzen sich
einteilung nicht dadurch unter Druck, dass sie eine Aufgabe erst dann erledigen, wenn die Zeit knapp wird. Denn sie wissen, dass eventuell notwendige Korrekturen unter Druck sehr viel weniger sorgsam vorgenommen werden können.

- Wer eine Aufgabe so früh wie möglich angeht, dem bleibt am Ende noch ein zeitlicher Spielraum.
- Stress kann verhindert werden.
- Gesundheitliche Risiken verringern sich.
- Der Körper wird weniger stark belastet.
- Sie können zwischendurch ohne schlechtes Gewissen abschalten.

7. Haben Sie keine Angst vor Fehlern und Fehlschlägen!

Aus Fehlern Fehler und Fehlschläge gehören zur Abwicklung sowohl von Routine- als
lernen auch von kreativen oder neuen Aufgaben dazu. Nur wenn Sie sich der eige-

nen Anfälligkeit bewusst werden, sind Sie auch in der Lage, aus Ihren Fehlern zu lernen. Erfolgsintelligente Strategien bauen darauf auf, dass menschliches Handeln sich durch Fehler weiterentwickelt. Denn diese

- führen zu Kurskorrekturen,
- weisen auf falsche Planung hin,
- ermöglichen es, sich veränderten Rahmenbedingungen anzupassen,
- sind erkenntnisfördernd,
- können Hinweise auf Hürden bei der Zielerreichung geben.

Wenn Sie sich nicht trauen, zu Fehlern und Fehlschlägen zu stehen, wird die Gefahr größer, dass noch mehr schief läuft. Wenn Sie vor allem darauf bedacht sind, alles richtig zu machen, werden Sie sich der Erledigung Ihrer Aufgabe nur sehr viel langsamer und zögerlicher nähern, als wenn Sie über eine ausgeprägte Fehlertoleranz verfügen. *Zu Fehlern stehen*

Es sind gerade fremde und ungewohnte Arbeiten und Aufgaben, die nur dann erfolgreich bewältigt werden können, wenn Sie sich zugestehen, dass Sie nicht perfekt sind. Es gibt keine fehlerlos funktionierenden menschlichen Systeme.

8. Akzeptieren Sie berechtigte Kritik!

Lernen Sie, zwischen verschiedenen Formen der Kritik zu unterscheiden. Halten Sie Angriffe auf Ihre Person und sachliche Anmerkungen auseinander. Fragen Sie sich, welchen Anteil der Kritik Sie dazu nutzen können, um Ihrem Ziel näher zu kommen. Setzen Sie sich mit dem, was andere über Ihre Arbeitsweise und -leistung sagen, kritisch auseinander. *Formen der Kritik*

Lernen Sie zudem, Meinungen von anderen nicht nur passiv entgegenzunehmen, sondern diese aktiv einzufordern. Es ist oftmals schwierig, die Kollegen oder Vorgesetzten zu konstruktiven und ehrlichen Bemerkungen zu bewegen.

Berechtigte Kritik bleibt in der Regel sachlich, lobt und tadelt zugleich, differenziert aber zwischen den für eine Aufgabe relevanten Arbeitsprozessen. Nie ist immer alles schlecht, selten ist alles gut. Meiden Sie Menschen, die Ihnen nach dem Mund reden und Sie nicht kritisieren. Halten Sie sich lieber an jene, die sich ernsthaft Gedanken um Sie machen und Sie mit ihren Beiträgen weiterbringen wollen.

9. Konzentrieren Sie sich auf Ihre beruflichen Ziele!

An Zielen fest-halten | Erfolgsintelligent Arbeitende setzen sich eigene Ziele und schaffen sich die für die Zielerreichung förderlichen, optimalen Bedingungen. Sie lassen sich nicht durch äußere Störquellen (Telefon, Lärm, Kollegen) ablenken – auch auf die Gefahr hin, sich manchmal unbeliebt zu machen. Fürchten Sie sich nicht vor einem Streberimage.

Der Erfolg Ihrer Bemühungen wird Sie dafür belohnen, dass Sie auf Ihrem Weg geblieben sind und sich nicht haben ablenken lassen. Sich auf seine Ziele zu konzentrieren bedeutet aber auch, sich diese selbst zu setzen und nicht darauf zu warten, dass Ihnen von anderen vorgeben wird, was und wie sie es erreichen sollen.

10. Lernen Sie, auf Belohnungen zu warten!

Auch wenn das Ziel noch so klar vor Augen steht, der Weg dorthin und die Mühen scheinen die Belohnung manchmal auf den Sankt-Nimmerleins-Tag zu verschieben. Doch lassen Sie sich davon nicht beirren. Lernen Sie vielmehr damit umzugehen, dass nicht jede Leistung unmittelbar Anerkennung findet. Setzen Sie sich Zwischenziele und freuen Sie sich, wenn Sie diese erreicht haben.

Geduld | Geduld ist eine notwendige Strategie für erfolgsintelligentes Handeln. Nicht nur im beruflichen Alltag, auch in der Liebe und im Sport, bei der Kindererziehung und im Computerkurs brauchen Sie Beharrlichkeit. Ungeduld bedeutet den Verlust der Handlungskontrolle. Das soziale Umfeld reagiert darauf ebenfalls mit Ungeduld, sodass sich die Situation aufgrund von Reaktion und Gegenreaktion verschärft.

11. Betrachten Sie Ihre eigene Arbeit mit distanziertem Blick!

Erfolgsintelligente Strategien basieren auf der Fähigkeit, distanziert auf die eigene Arbeit zu schauen und die Spreu vom Weizen zu trennen. Sie orientieren sich daran, was für die Erledigung der Aufgabe notwendig ist und verlieren sich nicht in vielleicht interessanten, aber im Moment unwesentlichen Details. Eine entsprechende Zielplanung und die Erstellung von Projektskizzen sind hilfreiche Instrumente, mit denen Sie Ist- und Sollzustände vergleichen können, um gegebenenfalls korrigierend einzugreifen.

12. Nehmen Sie sich Zeit, überstürzen Sie nichts!

Erfolgsintelligente Menschen verfallen nicht in Hektik und Aktionismus. Sie   Ruhe bewahren
wissen, wie viel Kraft in der Ruhe und der Gelassenheit liegt. Sie überstürzen nichts, weil Sie erkennen, dass hektisches, fahriges Handeln die Zielerreichung behindert oder den Handelnden sogar immer weiter vom Ziel
entfernt.

Gerade wenn die Zeit drängt, kommt es darauf an, nichts zu überstürzen,
sondern überlegt und planvoll vorzugehen. Wenn Sie in Hektik arbeiten,
verlieren Sie die Kontrolle über die Qualität. Verfehlen Sie lieber Ihr Zeitziel
um ein paar Tage, als dass Inhalt und Qualität der Arbeit leiden.

Kapitel sieben: Wie motiviere ich mich?

Nach der ersten Zeit haben Sie sicherlich schon einige Leistungseinbrüche Motivation
erlebt. Sie stellen fest, dass Ihnen nicht alle Arbeiten Spaß machen und dass
die Kollegen manchmal kooperativ, aber nicht immer gewillt sind, Sie zu
unterstützen. Es gibt viele Gründe, warum die Motivation nachlassen kann.

Herr N.: Probleme durch Überlastung

Herr N. muss für einen Kollegen einspringen, der krank geworden ist. Er verschiebt seine eigenen Termine, damit er genug Zeit hat, sich in das ihm fremde Aufgabegebiet einzuarbeiten. Herr N. stellt fest, dass sein Kollege ein größeres Chaos hinterlassen hat. Er leistet einige Überstunden, um die Mehrarbeit zu bewältigen. Dadurch bleibt ihm weniger Zeit für seine Familie.

Einige Tage später bittet ihn sein Chef zu sich ins Büro und sagt zu ihm: „Ich bin in letzter Zeit sehr unzufrieden mit Ihnen. Immer mehr Kunden beschweren sich, dass sie sich nicht gut betreut fühlen. Auch wenn Ihr Kollege krank ist, müssen Sie dafür sorgen, dass alles optimal weiterläuft." Herr N. hat Anerkennung für seinen Einsatz erwartet und nicht Kritik. ◂

Das Beispiel zeigt bereits Ursachen für eine Demotivierung:

- arbeitsorganisatorische Probleme (Überforderung),
- atmosphärische Störungen (unsensibler Chef, ungerechtfertigte Kritik),
- private Probleme.

Solchen Faktoren sollten Sie begegnen, bevor sie eine Arbeitskrise auslösen
und Ihre Probezeit gefährden können.

Demotivierung durch arbeitsorganisatorische Probleme

Aus arbeitsorganisatorischer Sicht kann es zu zwei gegenläufigen Entwicklungen kommen: Sie sind entweder unter- oder überfordert – beides wirkt sich negativ auf Ihre Motivation aus.

Unterforderung

Routine Wenn Sie sich unterfordert fühlen und beispielsweise zu viele monotone Routinetätigkeiten ausführen müssen, langweilen Sie sich schnell. Ihre Gedanken driften ab, und die Gefahr, Fehler zu machen, wächst. Zudem beginnen Sie daran zu zweifeln, ob Ihre Jobwahl die richtige war. Selbst wenn Sie wollten, Sie könnten Ihr Potenzial nicht nutzen, weil die Aufgabenstruktur dies nicht zulässt.

Überforderung

Permanenter Druck Im Fall der Überforderung können Sie Ihr Potenzial nicht nutzen, weil die Struktur Ihrer Aufgaben verhindert, dass Sie überhaupt ein Erfolgserlebnis verbuchen können. Mit großem Aufwand versuchen Sie dann, den Job einigermaßen zufrieden stellend zu erledigen. Aber Sie spüren permanent den Druck, dass Sie nicht das leisten können, was von Ihnen erwartet wird. Das muss keineswegs nur an Ihnen und Ihren mangelnden Fähigkeiten liegen. Viel häufiger liegt die Ursache

- in einer falschen Jobbeschreibung,
- einer unzureichenden Einarbeitung,
- einer Sie-werden-das-schon-schaffen-Mentalität.

Abhängigkeit von Kollegen und Technik

Ein weiterer arbeitsorganisatorischer Missstand kann durch Ihre Abhängigkeit von der Arbeit anderer entstehen. Dann können Sie die geforderte Leistung nicht erbringen, weil Sie auf die Zuarbeit anderer Abteilungen angewiesen sind. Oder Sie können sich nicht auf die Qualität der Arbeit Ihrer Mitarbeiter verlassen. Denkbar ist auch, dass die Technik nicht mitspielt: Sie stehen unter Zeitdruck, und Ihr Drucker streikt immer wieder, oder das Faxgerät meldet einen Papierstau und Sie erhalten die für Ihr Projekt wichtige Information zu spät.

Gespräche anregen Als neuer Kollege solche Missstände anzusprechen ist nicht leicht. Aber Sie müssen Kritik äußern, wenn Sie Ihr Ziel nicht aus den Augen verlieren und Ihre Motivation erhalten wollen. In allen Fällen ist es empfehlenswert, das

Gespräch zu suchen – zuerst mit den Kollegen und dann mit den Vorgesetzten. Auf Dauer sind derartige arbeitsorganisatorisch-technische Hindernisse weder dem Unternehmen noch Ihnen als Arbeitnehmer dienlich.

Es folgen einige Anregungen, wie Sie in solchen Fällen vorgehen können.

- Stellen Sie nicht einfach nur fest, dass dieses und jenes nicht machbar ist.
- Bleiben Sie konkret beim jeweiligen Arbeitsablauf.
- Benennen Sie die Schwierigkeiten und machen Sie sich Gedanken über mögliche Lösungen.
- Erwarten Sie nicht, das Dritte Ihre Probleme lösen. ◀

Und dieser Dritte wird schon gar nicht Ihr Vorgesetzter sein. Besser fahren Sie allemal, wenn Sie bereits mit einem Lösungsvorschlag in der Tasche in ein Gespräch über bestehende Schwierigkeiten gehen. Das zeigt, dass Sie sich bemühen, auf Probleme konstruktiv zu reagieren – und dass Sie Ihre Arbeitsmotivation erhalten wollen.

Demotivierung durch atmosphärische Störungen

Herr A.: Demotivierung durch Nichtanerkennung der Leistung

Quereinsteiger Herr A. hat am Freitagabend eine lange und anstrengende Woche hinter sich. Er hat viel Neues dazugelernt, einige Probleme gelöst und viele Überstunden gemacht. Er freut sich auf sein wohlverdientes Wochenende. Nach einem Achtstundentag verabschiedet er sich von seinem Chef, der noch mitten in der Arbeit steckt. Der erwidert: „Sie machen schon Feierabend? Sind Sie nicht ausgelastet? Na, erholen Sie sich gut, bevor es nächste Woche richtig hart wird."

Herr A. schluckt und hat am nächsten Montag überhaupt keine Lust mehr, wieder anzutreten. ◀

Es wirkt sich motivationshemmend aus, wenn sich das Verhältnis zu Ihrem Chef oder zu den Kollegen schwieriger gestaltet als erwartet. Vielleicht sind Sie enttäuscht, dass Sie Ihren Chef nicht zufrieden stellen können, weil seine Erwartungen an Sie täglich steigen. Je mehr Sie leisten, desto höher wird der

Hemmende
Faktoren

Anspruch des Vorgesetzten. Diesem Problem haben Sie allerdings Vorschub geleistet, weil Sie sich in der ersten Zeit sehr motiviert gezeigt haben. Sie haben mit 120 Prozent Leistung gearbeitet und bringen jetzt manchmal nur noch 105 Prozent. Das nimmt Ihr Chef Ihnen übel, weil er von Ihnen erwartet, dass Sie immer die gleichen Leistungen erbringen, wie Sie sie in der Anfangsphase gezeigt haben.

Zurückhaltung — Seien Sie dennoch motiviert, aber schwärmen Sie nicht davon, wie toll Sie Ihren neuen Job finden und wie froh Sie sind, eingestellt worden zu sein. Üben Sie sich in Zurückhaltung, und verwöhnen Sie die Vorgesetzten nicht mit einem Übermaß an Leistung, denn das wissen Chefs zuweilen nicht zu würdigen. Schlimmer noch, Sie halten es für selbstverständlich und nicht weiter erwähnenswert. Ein verwöhnter Chef mit zu hohen Erwartungen lähmt die Motivation, weil jeder Mitarbeiter neben dem Job noch andere private Interessen wahrnehmen und nicht ausschließlich für die Firma leben möchte.

Mangelnde Anerkennung — Probleme verursachen auch fehlende Rückmeldung über die geleistete Arbeit sowie mangelnde Anerkennung. Wenn Sie nicht ab und zu ein Feedback bezüglich Ihrer Arbeit bekommen, verlieren Sie allmählich die Orientierung. Fordern Sie eine Bewertung Ihrer Leistung ein. Sie haben ein Recht darauf zu erfahren, wo Sie stehen und was Sie mit Ihrer Arbeit bewirken. Nur so können Sie Ihren Arbeitseinsatz optimieren und erkennen, wie gut oder schlecht Sie in den Arbeitsprozess eingebettet sind.

Praxis-Beispiel

Herr N.: Demotivierung durch unnötige Vorgaben

Etwa vier Wochen bevor Herr N. im Controllingteam angefangen hat, war ein neuer Chef in die Abteilung gekommen. Dieser ist in der Branche noch relativ unerfahren und steht nun vor seiner ersten Bewährungsprobe. Es geht um die Organisation der Jahresfeier, die traditionell von der Abteilung veranstaltet wird.

Einsteiger Herr N. hat hingegen schon während seiner studentischen Praktika dabei geholfen, ähnliche Veranstaltungen vorzubereiten. Daher weiß er um den Stress, der immer größer wird, je näher der entscheidende Tag rückt. Herr N. weiß genau, welche letzten Schritte er noch zu erledigen hat. Er teilt sich seine Aufgaben gut ein und ist vom Erfolg des morgigen Tages überzeugt. Alles läuft nach Plan. Auch die erfahrenen Kollegen im Team haben die Arbeit im Griff.

Der Chef von Herrn N. bittet kurzfristig um ein Meeting, da er unsicher ist, ob die Koordination der technischen Hilfsmittel klappen wird. Zu seiner eigenen Beruhigung gibt er Herrn N. die Anweisung, noch einmal mit den Mitarbeitern den Ablauf der Veranstaltung durchzusprechen.

Herrn N. widerstrebt es, noch mehr Zeit für eine weitere Generalprobe aufzubringen. Doch seinen Einwand, alles sei hinreichend besprochen und durchgespielt, lässt der Chef nicht gelten. Widerstrebend willigt Herr N. ein, eine weitere Stellprobe zu organisieren. Am liebsten wäre er herausgeplatzt: „Passen Sie mal auf, wir haben diese Veranstaltung wiederholt geprobt. Ich werde nicht noch einmal zwei Stunden damit verbringen. Außerdem langweilt es die Mitarbeiter."

Obwohl Herr N. die besseren Argumente hat, fügt er sich den Anweisungen seines Vorgesetzten.   ◄

Ein solches Verhalten von Führungskräften demotiviert die Mitarbeiter. **Respekt und** Wenn Sie sich in der Rolle des Chefs befinden, sollten Sie das Wissen erfah- **Achtung** rener Mitarbeiter nutzen. Das verschafft Ihnen Respekt und Achtung bei den Beschäftigten und garantiert gute Arbeitsleistungen.

Starre Strukturen

In den Bereich atmosphärischer Probleme gehören auch starre Firmen- **Unkooperativer** strukturen sowie ein einengender, unkooperativer Führungsstil. Wenn der **Führungsstil** Chef seine Mitarbeiter ständig kontrollieren will und ihnen kein Vertrauen entgegenbringt, können diese ihre Leistungsfähigkeit nicht voll entfalten. Sie könnten sogar zu dem Schluss kommen, dass ein solcher Chef es nicht verdiene, die beste Leistung von ihnen zu erhalten. Chefs, die Lob für überflüssig halten und Ihre Mitarbeiter stattdessen mit ständiger Kritik, Besserwisserei und Nörgelei gängeln, brauchen sich nicht zu wundern, wenn ihnen die Mitarbeiter innerlich kündigen.

So setzen Sie sich durch!

Bestehen Sie bestimmt, aber freundlich darauf, eigenständig arbeiten zu dürfen. Bleiben Sie selbstbewusst und lassen Sie sich diese Haltung auch durch einen nörgelnden Chef nicht nehmen. An solchen Konfrontationen können Sie nur wachsen.

- ■ Halten Sie dagegen!
- ■ Lassen Sie sich nicht alles gefallen!
- ■ Provozieren Sie jedoch nicht!
- ■ Fragen Sie konkret, ob Sie auch schon einmal positiv aufgefallen sind! ◀

Überzeugen Sie! Werden innovative Ideen wiederholt ohne überzeugende Argumente abgeschmettert, weil das Unternehmen zu bürokratisch organisiert ist oder die Entscheidungswege zu lang sind, wird das ebenfalls Ihren Eifer bremsen. Sie werden sich fragen, warum Sie überhaupt kreativ arbeiten, wenn an den alten Strukturen festgehalten wird. Überzeugen Sie Ihren Vorgesetzten davon, dass Sie nicht betriebsblind sind und er Ihre Vorschläge ernsthaft prüfen sollte. Machen Sie klar, dass Sie ein Recht darauf haben, dass Sie mit Ihren Vorschläge ernst genommen werden.

Demotivierung durch private Probleme

Privates und Berufliches trennen Ein heikles Thema sind private Probleme. Denn so sehr Sie sich auch bemühen, Beruf und Privatleben strikt zu trennen, irgendwann kommt der Moment, wo private Probleme die Arbeit beeinträchtigen. Doch diese zu ignorieren birgt zusätzlichen Zündstoff, dessen Wirkung Sie dann nicht mehr kontrollieren können.

Partnerschaft

Mangelnde Unterstützung Wenn Ihr Partner oder Ihre Partnerin es an der nötigen Unterstützung mangeln lassen, die Sie bräuchten, um die erste Phase im neuen Job gut zu überstehen, stauen Sie Ihren Unmut nicht auf. Reden Sie über die Schwierigkeiten, die entstehen, weil Sie nicht mehr nur für die Partnerschaft da sein können. Versuchen Sie, die häuslichen Probleme zu Hause zu klären, und weisen Sie Ihre Angehörigen darauf hin, dass es auch in ihrem Interesse ist, wenn Sie Ihren Berufseinstieg erfolgreich bewältigen.

Schaffen Sie sich daheim eine angenehme Atmosphäre, und versuchen Sie abends gemeinsam zu entspannen. Ein belastendes privates Umfeld beeinträchtigt die Motivation, und Sie werden das Gefühl haben, an zwei Fronten zu kämpfen: zum einen mit den Kollegen und dem neuen Arbeitsumfeld, zum anderen mit den Ansprüchen Ihrer Angehörigen. Betonen Sie, wie wichtig es für alle Beteiligten ist, dass Sie gute Arbeit leisten, denn nur dann sind Sie in der Lage, auch das Privatleben unbeeinflusst von beruflichen Problemen zu gestalten und zu genießen.

Kinder

Kinder reagieren häufig sehr sensibel, wenn sich ihre Alltagsbedingungen verändern. Deren Betreuung muss neu geregelt werden, und Sie haben möglicherweise weniger Zeit für sie. Während Sie mit Ihrem Partner oder Ihrer Partnerin offen darüber reden können, ist Kindern auf diese Weise meist nicht beizukommen. Sie werden möglicherweise verhaltensauffällig oder entwickeln Krankheitssymptome, um auf sich aufmerksam zu machen und die Zuwendung des betreffenden Elternteils zurückzugewinnen.

Starke Reaktionen

Um dies zu vermeiden, sollten Sie die folgenden Verhaltensregeln beachten.

- Lassen Sie sich nicht auf Machtspiele ein. Kinder müssen ebenso wie Erwachsene lernen, sich an veränderte Lebensumstande anzupassen, auch wenn sie die Gründe noch nicht verstehen können.

- Widmen Sie sich in der verbleibenden Zeit des Tages intensiv Ihren Kindern, schenken Sie ihnen Aufmerksamkeit, und unternehmen Sie gemeinsam etwas.

- Schaffen Sie neue Rituale, durch die die Kinder lernen, dass sich Mutter und Vater mit der gleichen Liebe um sie kümmern, auch wenn sie weniger Zeit haben.

- Lassen Sie sich von Ihren Kindern kein schlechtes Gewissen machen. Es fördert Ihre Arbeitsmotivation, wenn Sie nicht sorgenbeladen in die neue Firma gehen müssen.   ◀

Jeder der aufgeführten Faktoren mindert Ihre Arbeitsleistung und verringert Ihre Motivation. Ein schleichender Prozess verstärkt sich, wenn Sie die Probleme ignorieren. Setzen Sie sich also aktiv mit solchen Schwierigkeiten auseinander.

Aktive Auseinandersetzung

Wie erhalte ich meine Motivation?

Motivation und Ehrgeiz bedingen sich gegenseitig. Ehrgeizige Menschen verfügen über eine hohe Arbeitsmotivation.

Realistische Einschätzung Mit folgendem Test können Sie herausfinden, wie ehrgeizig Sie sind beziehungsweise wie hoch Ihre berufliche Motivation ist. Dabei gibt es kein gutes oder schlechtes Abschneiden. Wichtig ist vor allem, dass Sie lernen, sich richtig einzuschätzen, damit Sie Ihre Arbeitsumgebung dementsprechend auswählen und gestalten können.

Ordnen Sie den folgenden Aussagen ein Ja (trifft zu) oder Nein (trifft nicht zu) zu.

Test: Wie ehrgeizig bin ich? Wie hoch ist meine berufliche Motivation?

	Ja	Nein
Ich vergleiche mich oft mit anderen.		
Ich verabscheue Routineaufgaben.		
Ich setze mir hohe, spezifische Ziele.		
Ich ärgere mich sehr, wenn ich auf unerwartete Hindernisse treffe.		
Mein Partner beklagt sich, dass ich keine Zeit mehr für ihn habe.		
Ich verwende alle mir zur Verfügung stehenden Mittel.		
Mich interessieren nur Dinge, die mich weiterbringen.		
Ich opfere meine Wochenenden, um im Job vorwärts zu kommen.		
Ich kann nachts nicht schlafen, wenn ich ein ungeklärtes Problem im Kopf habe.		
Ich genieße die Macht, die ich im Beruf ausüben kann.		
Ich möchte noch viel Neues lernen.		
Ich arbeite gern auch länger, wenn ich das Gefühl habe, es ist produktiv.		

Testauswertung

Haben Sie neun- bis zwölfmal Ja angekreuzt, können Sie sich als sehr ehrgeizig bezeichnen. Sie sind ausgesprochen motiviert und stecken sich hohe Ziele, die Sie sehr konsequent verfolgen. Ihre beruflichen Ziele dominieren über Ihre privaten. Wenn Sie sich damit wohl fühlen, ist das völlig in Ordnung. Sind Sie aber manchmal sehr gestresst, dann überlegen Sie, ob manches wirklich so wichtig ist, wie Sie glauben.

Haben Sie fünf- bis achtmal ein Ja zugeordnet, ist Ihr beruflicher Ehrgeiz weder übertrieben noch zu schwach ausgeprägt. Sie wissen, was Sie wollen, können aber auch in Ruhe das Leben genießen und einfach nichts tun. Sie haben eine ausgewogene Lebensweise gefunden.

Trafen für Sie ein bis vier der Aussagen zu, sind Sie eher ein gemütlicher Mensch, dem berufliches Vorankommen nicht sehr viel bedeutet. Es gibt für Sie Wichtigeres auf der Welt: zum Beispiel Ihre Freizeit, Ihre Freunde und Ihre Familie. Dahin fließen Ihre Energien.

Worksheet auf CD-ROM!

Gestalten Sie Ihre Umgebung angemessen!

Um motiviert zu bleiben, brauchen Sie ein passendes Umfeld. Richten Sie Ihren Arbeitsplatz nach Ihren persönlichen Wünschen und Bedürfnissen ein. Sorgen Sie auch für eine ausreichende Ausstattung. Natürlich müssen Sie dabei bedenken, dass Sie Ihre Ansprüche an die allgemeinen Gegebenheiten in der Firma anpassen müssen.

Korrigieren Sie Fehler – insbesondere eigene!

„Starke Menschen sind immer ihre eigenen Kritiker." (Balzac)
Die Motivation sinkt, wenn Sie viele Fehler machen. Ebenso demotivierend ist es, von anderen häufig darauf hingewiesen zu werden, dass man etwas falsch gemacht hat.

Umgang mit Fehlern

Machen Sie sich folgende Strategien für den Umgang mit Fehlern zu eigen.

Experten-Tipp

- ■ Gehen Sie bewusst mit Ihren Fehlern um!
- ■ Betrachten Sie Fehler als Wege zur Erkenntnis!
- ■ Lernen Sie aus Ihren Fehlern, was Sie beim nächsten Mal besser machen können!
- ■ Entwickeln Sie Ihre Fehlertoleranz: Gerade zu Beginn eines neuen Beschäftigungsverhältnisses sind Fehler nicht zu vermeiden. Lassen Sie sich dadurch Ihre gute Laune nicht verderben!
- ■ Stellen Sie keinen zu hohen Anspruch an sich selbst. Als Perfektionist kommen Sie gar nicht voran. Reibungsverluste und Kurskorrekturen gehören zum betrieblichen und ökonomischen Alltag.

Worksheet auf CD-ROM!

Akzeptieren Sie es, wenn einmal etwas schief läuft. Ihr Chef wird sicher anerkennen, wenn Sie Ihre Fehler offen zugeben und sie nicht zu verschleiern versuchen. Er wird Rochefoucauld zustimmen, der sagte: „Die meisten unserer Fehler sind verzeihlicher als die Mittel, die wir anwenden, um sie zu verbergen."

Erhalten Sie sich eine positive Grundstimmung!

Gegen Trübsinn angehen

Negative Erlebnisse verstärken trübe oder depressive Stimmungen. Wenn Sie dazu neigen, dann lassen Sie den Abend mit einem leichten Training ausklingen. Laufen Sie eine Runde durch den Park – aber nicht zu schnell, sonst fühlen Sie sich hinterher schlapp. Sie können auch an einem Gymnastik- oder Jazztanzkurs teilnehmen oder mit Ihren Kollegen Fußball spielen.

Verwöhnen Sie sich in Ihrer Freizeit. Besuchen Sie die Sauna, trainieren Sie im Fitnessclub, gehen Sie ins Solarium. Dann werden Sie in der Firma eine positive Ausstrahlung haben, aber auch gesund und belastbar bleiben. Sind Ihre Muskeln trainiert, fühlen Sie sich automatisch stärker und selbstbewusster. Ihre Haltung ist dann gerade und Ihre Schultern hängen nicht kraftlos herunter. Ideal ist es, sich zwei- bis dreimal in der Woche sportlich zu betätigen. Wenn Sie sich körperlich fit fühlen, sind Sie optimistischer und haben mehr Energie.

Experten-Tipp

Zu einer positiven Stimmung verhelfen Ihnen darüber hinaus folgende Empfehlungen.

- Denken und sprechen Sie positiv. Vermeiden Sie negative Äußerungen, ohne allerdings jeden Ärger einfach herunterzuschlucken. Machen Sie sich Luft und genießen Sie es. Dann erscheint die Welt in einem anderen Licht.

- Intensivieren Sie das Erleben scheinbar unwichtiger Alltagserfahrungen. Sehen Sie das Glück in einer gelungenen Präsentation, in einem erfolgreich abgeschlossenen Zwischenziel. Suchen Sie sich kleinere Belohnungen. Freuen Sie sich an der Freude anderer Menschen, und teilen Sie es ihnen auch mit.

- Seien Sie unter keinen Umständen nachtragend. Sprechen Sie Probleme offen an und suchen Sie nach einer Lösung. Sonst schieben Sie bald einen Berg ungelöster Probleme und Missverständnisse vor sich her.

- Lassen Sie sich von guter Laune anstecken oder verbreiten Sie selbst gute Laune.

- Erhalten Sie sich Ihre Gelassenheit. Der Job ist nur ein Teil Ihres Lebens. Übermotiviertheit macht krank, weil die Leistungskurve zuerst einen Höhepunkt erreicht und dann wieder absinkt, auch wenn Sie Ihre Anstrengung verdoppeln.

Worksheet auf CD-ROM!

Lernen Sie, Nein zu sagen!

Lernen Sie, unangenehme Aufgaben, die auf Sie abgewälzt werden sollen, auch einmal abzulehnen und Nein zu sagen. Sie können solche Arbeiten im Einzelfall auch einmal übernehmen, wenn Sie das Gefühl haben, sie lösen zu können. Wichtig ist allerdings, dass Sie die Entscheidungskontrolle behalten. Niemand sollte Ihre Leistungsbereitschaft für selbstverständlich erachten. Stellen Sie sicher, dass Sie jedes Mal gefragt werden und eine eigenständige Entscheidung treffen können, ohne dass ein Erwartungsdruck in eine bestimmte Richtung besteht.

Entscheidungskontrolle

Übernehmen Sie Verantwortung!

Herr N.: Wunsch nach größerer Verantwortung

Herr N. trifft sich mit Frau F. in deren Stammkneipe. Sie sprechen über die Erfahrungen, die sie in den ersten Wochen in ihrem neuen Job gemacht haben, und über Ihre Erkenntnisse.

N: „Jetzt, nach gut fünf Wochen, habe ich schon eine recht gute Vorstellung von den Beziehungen der Kollegen untereinander, dem Führungsstil des Chefs und den Aufgaben, die sich mir auch langfristig stellen. Ich erkenne, dass alle nur mit Wasser kochen."

F: „Du hast Recht, man sieht jetzt alles viel nüchterner und arbeitet manchmal schon recht pragmatisch."

N: „Ich habe mir die Arbeit interessanter und weniger gleichförmig vorgestellt! Ich denke, ich muss mir bald ein neues Ziel innerhalb der Firma setzen. Ich möchte unbedingt mehr Verantwortung übernehmen. Dann würde ich sicher auch wieder motivierter arbeiten. Aber vielleicht warte ich lieber, bis die Probezeit vorbei ist."

F: „Ich denke, du solltest schon jetzt deinen Chef um ein Feedback-Gespräch bitten und dabei deine Perspektiven in der Firma ansprechen. Für mich persönlich ist es in Ordnung, wenn ich nicht meine ganze Energie in die Firma stecken muss, denn meine beiden Kinder nehmen mich auch ziemlich in Anspruch. Mir ist wichtig, dass ich mit meinen Kollegen gut zusammenarbeite. Dann finde ich auch Routinearbeit o. k." ◀

Ziele überprüfen Sobald Sie bemerken, dass die Arbeit Sie langweilt, dass Sie nicht mehr genug gefordert werden, überprüfen Sie Ihre Ziele. Nehmen Sie eine Zielkorrektur vor, und suchen Sie sich eine neue Herausforderung. Übernehmen Sie noch mehr Verantwortung. Sprechen Sie mit Ihrem Chef darüber.

Nehmen Sie die Dinge selbst in die Hand!

Um Ihre Motivation zu erhalten, dürfen Sie die Dinge nicht einfach mit sich geschehen lassen. Zwar können Sie eine Reihe von Faktoren, die in diesem Kapitel bereits besprochen wurden, nicht beeinflussen, aber Sie haben es in der Hand, sinnvoll damit umzugehen. Haben Sie aber ein Gefühl der Ohnmacht und des Ausgeliefertseins, wird bald Ihre Motivation schwinden. Wenn Sie nur darauf hoffen, dass bestimmte Dinge nicht eintreten, weil Sie Angst haben, dann nicht adäquat reagieren zu können, geraten Sie in einen Abwärtssog.

Ansprüche äußern Sie sollten genügend Selbstbewusstsein aufbringen, Ansprüche anzumelden, damit Ihnen nicht ständig unangenehme Arbeiten oder Mehrarbeit aufgehalst werden und Sie irgendwann unter dem Druck der Joblast zusammenbrechen. Durch das Ergebnis des Tests in Kapitel fünf konnten Sie bereits etwas über Ihre Wirkung auf andere Menschen erfahren. Um schwierige Situationen in Ihrem Sinne zu gestalten und zu beeinflussen, empfiehlt es sich darüber hinaus,

- Problemen auf den Grund zu gehen,
- offensiv auf die Kollegen zuzugehen,
- zielgerichtet Fragen zu stellen,
- Hartnäckigkeit zu zeigen,
- daran zu glauben, dass Sie Veränderungen bewirken können.

Setzen Sie sich realistische Ziele!

Kurskorrekturen Bei diesen Überlegungen sollten Sie sowohl arbeitsorganisatorische als auch karriereorientierte Ziele im Auge haben. Ihr 100-Tage-Plan gibt die Richtung vor, aber es ist nahe liegend, dass Sie Ziele ändern und den Gegebenheiten anpassen müssen – dabei sollten Sie realistisch bleiben. Sie werden im Normalfall nach Ablauf der Probezeit keine leitende Funktion übernehmen können.

Wenn Sie ohne weitere Qualifikationen eine komplexere Arbeit ausüben wollen, müssen Sie spezifische Fähigkeiten mitbringen und sich von Ihren Konkurrenten abheben, um bei der Auswahl für eine solche Stelle berücksichtigt zu werden. Ihre Arbeitsmotivation wird darunter leiden, wenn Sie von sich mehr erwarten, als Sie zu leisten in der Lage sind.

Die folgenden Fragen sollen Ihnen helfen herauszufinden, wie es um Ihre **Motivation**
Motivation steht und womit Sie in an Ihrer neuen Arbeitsstelle unzufrieden sind. Motivationsverlust muss nicht nur Ursachen im beruflichen Bereich haben, wie schon erwähnt, kann auch eine unbefriedigende und keinen Ausgleich bringende Freizeitgestaltung oder ein belastendes Privatleben die Arbeitsleistung beeinträchtigen.

Unzufriedenheit im Beruf

Finden Sie heraus, welche Gründe dazu beitragen, dass Sie in Ihrem Berufsleben unzufrieden sind.

Was macht Sie unzufrieden?	Ja	Nein
Schneiden die Kollegen Sie?		
Fühlen Sie sich unwohl, wenn Sie morgens zur Arbeit gehen?		
Gibt es Spannungen und Konflikte in Ihrem Privatleben, die Sie bei Ihrer Arbeit begleiten?		
Bestehen partnerschaftliche Disharmonien?		
Wissen Sie nicht, was Sie tun könnten, um sich ausreichend zu entspannen?		
Ist es für Sie möglich, mit Ihren Kollegen oder mit Ihrem Vorgesetzen über Ihre Schwierigkeiten reden?		
Vermitteln Sie von sich das Bild eines starken, unangreifbaren Menschen, der sich und anderen seine Unzufriedenheit nicht eingestehen kann?		
Haben Sie Angst davor, als Versager zu gelten?		

Checkliste

Was macht Sie unzufrieden?	Ja	Nein
Haben Sie vielleicht einmal zu oft Ja gesagt, ohne an die Konsequenzen zu denken, und wissen nun keinen Ausweg mehr, wie Sie damit zurechtkommen sollen?		
Sie merken, dass Sie Ihre Zusage nur unter größtem Kraftaufwand zu erfüllen vermögen?		
Haben Sie Ärger unterdrückt oder aufgestaut?		
Verlieren Sie die Spannkraft und vergeht Ihnen die Lust am Arbeiten?		

Worksheet auf CD-ROM!

Überlegen Sie, inwieweit die folgenden Aussagen auf Sie zutreffen.

Test: Bin ich selbst- oder fremdmotiviert?

	Ja	Nein
Ich kann nur unter Termindruck richtig gut arbeiten.		
Ich schiebe wichtige Dinge gern vor mir her.		
In meiner Freizeit langweile ich mich oft.		
Das Schönste am Erfolg ist das Lob der anderen.		
Ich bin darauf angewiesen, dass andere mir sagen, was zu tun ist.		
Ich übernehme nicht gern Verantwortung.		
Ich lasse mich oft von meinen Freunden beeinflussen.		
Ich mache Entscheidungen von der Meinung anderer abhängig.		
Kreativität ist nicht meine Stärke.		
Ich bin nicht auf der Suche nach Herausforderungen.		
Es ist mir nicht sehr wichtig, mich selbst zu verwirklichen.		
Ich muss oft aufgefordert werden, meine Aufgaben zu erledigen.		

Worksheet auf CD-ROM!

Testauswertung

Mehr als sechsmal Ja: Sie sind eher fremdmotiviert. Sie brauchen häufig Anstoß von außen, von Kollegen oder Freunden, um sich etwas vorzunehmen. Bei Erfolg erwarten Sie Anerkennung von Ihnen wichtigen Personen.

Weniger als sechs Ja-Antworten: Dies lässt auf eine hohe Selbstmotivation schließen. Sie wissen genau, wohin Sie wollen, und setzen sich Ihre Ziele selbst. Sie wollen sich selbst verwirklichen und erfolgreich sein. Die schönste Belohnung für Sie ist die Genugtuung, dass Sie Ihr Ziel erreicht haben.

Beachten Sie folgende Hinweise, um Ihre Motivation zu erhalten:

NoNo	GoGo
Überall perfekt sein wollen.	Verschieben Sie nichts auf morgen oder übermorgen.
Sich an der Motivation anderer orientieren.	Sorgen Sie für genügend Ausgleich in Ihrem Privatleben.
Sich überschätzen.	Nehmen Sie sich Zeit für Ihren Job.
Zu erledigende Dinge auf den letzten Tag verschieben.	Finden Sie eine gute Kombination aus Routineaufgaben und kreativen Herausforderungen.
Erst entspannen, wenn Sie merken, dass Sie dies tatsächlich brauchen.	Organisieren Sie Ihre Ablage.

Kapitel acht: Wie gehe ich mit Druck um?

Zweifellos kommt irgendwann der Punkt, an dem Sie einfach nicht mehr können. Sie sind abends erschöpft, fühlen sich ausgelaugt und schlafen auf dem Sofa ein. Ihr Partner beschwert sich, weil Sie keine Zeit mehr für ihn haben. Und morgens fällt es Ihnen immer schwerer, aus dem Bett zu kommen. So sehr Sie sich auf die neue Stelle gefreut haben, plötzlich erkennen Sie, dass bei Ihnen die Luft raus ist. Die erste Euphorie ist verflogen, sie haben die Etappe erreicht, in der die Mühen sich verdoppeln. Ihr Antrieb, in der ersten Zeit auf Hochtouren zu arbeiten, schwindet. Der Job läuft, Sie haben alles zu Ihrer Zufriedenheit erledigt, fühlen sich aber dennoch unter Druck gesetzt. Von Ihrem Partner, von Ihrem Chef, von Ihren Kollegen. *(Erschöpfung)*

Was tun, wenn der Druck so sehr wächst, dass zu befürchten ist, Ihr Körper, Ihr Partner oder beide werden in nicht allzu ferner Zukunft rebellieren? Um diese Frage zu beantworten, müssen Sie sich vorher über eines klar werden: Wer oder was verursacht den Stress? Ist er selbst gemacht, etwa durch schlechte Arbeitsorganisation und ungeschicktes Zeitmanagement? Oder wird er durch äußere Faktoren wie einen Chef, der Sie überfordert, und unrealistische Produktionsziele ausgelöst? *(Wachsender Druck)*

Manche Menschen empfinden Stress als angenehm. Sie können erst unter Druck Höchstleistungen erbringen. Diese positive Form von Stress wurde in Kapitel sechs erläutert. Wenn Sie einige der dort aufgeführten Vorschläge in die Tat umsetzen, werden Sie erfolgreich sein. Und soll ein Vorhaben gelingen, ist es von Stress begleitet, den die Erfolgreichen keineswegs missen möchten. Dieses Kapitel beschäftigt sich mit der negativen Variante des Stress, auch Distress genannt, und damit, wie Sie diesen bewältigen können. *(Positiver Stress)*

Was ist Stress?

Stress ist eine unspezifische Reaktion eines Organismus auf innere und äußere Reize, um sich veränderten Gegebenheiten anzupassen. Ursprünglich

stammt der Begriff aus der Physik: Wenn auf einen Körper eine Kraft ein-
wirkt, reagiert dieser, um sich anzupassen, mit messbarer Spannung, die als
Stress bezeichnet wird.

Im Berufsleben sind Sie zahlreichen Stressquellen ausgesetzt, die Sie nicht
immer kontrollieren können. Das Ausscheiden eines Kollegen, mit dem Sie
sehr gern und erfolgreich zusammengearbeitet haben, ist eine äußere und
innere Stressquelle. Ihre Arbeit verändert sich. Sie fühlen sich weniger ge-
borgen als vorher. Die Stressursache lässt sich jedoch nicht beeinflussen, Sie
können aber steuern, wie Sie darauf reagieren. Zu den Auslösern von Stress,
die Sie verändern können, zählen beispielsweise Überstunden oder eine un-
übersichtliche Ablage.

Stressquellen

Äußere Faktoren	Innere Faktoren
Überstunden	Eigene Arbeitsorganisation
Mobbing	Private Sorgen
Konflikte mit dem Vorgesetzten	Mangelndes Selbstwertgefühl
Mangelnde Ausstattung des Arbeitsplatzes	Geringes Selbstvertrauen
Unklare Aufgabenstellung	Unzureichender Spannungsausgleich
Überforderung durch zu schwere oder zu umfangreiche Aufgaben	Unklare Rollenverteilung
Neue Aufgabengebiete	Unzufriedenheit mit dem beruflichen Status
Konflikte mit den Kollegen	Mangelnde Aufstiegschancen
Krankheit der Kinder	Fehlende Entwicklungschancen
Machtkämpfe in der Partnerschaft	Unzufriedenheit mit dem Arbeitsplatz
Lärm am Arbeitsplatz	Schwacher Widerstandsgeist
Schlechte Atemluft	Enttäuschte Erwartungen

Worksheet auf
CD-ROM!

Wie wirkt sich Stress aus?

Anpassung   Wenn Körper und Seele gestresst reagieren, handelt es sich zunächst einmal
um Anpassungsbemühungen an die äußeren und inneren Reize. Doch sind
diese Versuche nur diffus, sie lösen nicht das ursächliche Problem. Fast jeder Arbeitnehmer durchläuft im Laufe seines Berufslebens Phasen, in denen
er auf Stress mit körperlichen Symptomen reagiert. Werden die Anforde-

rungen durch äußere und innere Umstände zu hoch, sinkt die Leistungskurve noch weiter und die Arbeit kann möglicherweise gar nicht mehr erledigt werden.

Emotionale Auswirkungen	Auswirkungen auf Denken und Handeln
Sie fühlen sich ängstlich und besorgt.	Sie hören Ihrem Chef nur mit halbem Ohr zu. Sie sind abgelenkt
Sie haben nicht mehr das Gefühl, gesund zu sein und sich wohl zu fühlen. Sie bilden sich Beschwerden ein.	Sie erinnern sich schlechter an Vertrautes. Sie können sich schlechter etwas merken
Sie reagieren ängstlicher. Ihre Verteidigungsbereitschaft wächst. Sie erleben sich in einer feindlichen Umwelt	Sie reagieren langsamer. Sie reagieren überhastet, um die Langsamkeit zu kompensieren.
Sie neigen zu Gefühlsausbrüchen. Manchmal werden Sie ohne ersichtlichen Grund wütend.	Sie machen mehr Fehler. Sie treffen zweifelhafte Entscheidungen. Sie werden unordentlich.
Das Gefühl der Ohnmacht wächst. Die Situation scheint nicht beeinflussbar. Sie fühlen sich wertlos.	Sie verlieren die Kontrolle über die gegenwärtige und die zukünftige Situation.
Sie fühlen sich lustlos. Sie sind sich selber fremd.	Sie lassen sich eher täuschen. Ihre Gedanken sind nicht mehr klar strukturiert.

Stress-
wirkungen

Weitere Anzeichen für die negative Wirkung von Stress:
- Sie geben kurz- oder langfristige Ziele auf.
- Ihr Körper kann sich nicht mehr entspannen.
- Ihre Hobbys langweilen Sie.
- Sie greifen verstärkt zu legalen oder illegalen Drogen.
- Sie kommen häufig zu spät in die Arbeit.
- Sie melden sich häufiger krank.
- Ihr Energieniveau ist mäßig.
- Ihre Stimmung schwankt ohne ersichtlichen Grund.
- Sie können nicht mehr durchschlafen.
- Sie reagieren arrogant oder abweisend gegenüber Ihren Kollegen.
- Ihre Grundstimmung ist pessimistisch.

- Sie ignorieren neue Entwicklungen.
- Sie ignorieren neue Informationen.
- Sie grenzen sich von den Kollegen ab.
- Sie bevorzugen Notlösungen.

Körperliche Symptome wie erhöhte Fieberanfälligkeit, Husten, Schnupfen und Heiserkeit, Kopf- oder Gliederschmerzen sind Alarmsignale. Sie müssen entweder versuchen, die Ursache für den Stress zu beseitigen, oder einen anderen Modus finden, wie Sie mit dem Druck umgehen.

Dieser Test zeigt Ihnen, wie stressgefährdet Sie durch Ihre Arbeit sind. Entscheiden Sie, ob die folgenden Aussagen auf Sie zutreffen oder nicht.

Test: Wie schätze ich mein Stressniveau ein?

	Ja	Nein
Ich fühle mich meiner Arbeit entfremdet.		
Ich werde erdrückt von der Menge an Arbeit, die ich bewältigen soll.		
Meine Arbeit frustriert mich.		
Am Ende des Arbeitstages bin ich emotional leer und ausgebrannt.		
Ich habe das Interesse an meiner Arbeit verloren.		
Die Arbeit saugt all meine emotionale Energie auf.		
Meine Arbeit fordert mich zu sehr.		
Auf meinen Schultern lasten schwere Gewichte.		
Ich spüre manchmal Wut im Bauch.		
Ich bin häufiger verschnupft.		
Ich habe keine Kraft mehr, eine ausreichende Leistung zu erbringen.		
Wenn ich aufwache und an die Arbeit denke, fühle ich mich müde.		
Wegen des großen Arbeitsanfalls kann ich meinen Job nicht zufrieden stellend erledigen.		
Ich bekomme meinen Kopf nicht frei.		
Den ganzen Tag mit Menschen zusammenzuarbeiten macht mich krank.		
Es ist mir sehr wichtig, meine Arbeit gut zu erledigen.		
Ich fühle mich oft schwach und erschöpft.		
Ich denke, ich arbeite viel zu viel.		
Ich verspäte mich häufig.		
Ich komme nachts nicht zur Ruhe.		

Testauswertung

Sie haben 15- bis 20-mal Ja angekreuzt: Achtung! Die Arbeitsmenge, die Sie täglich leisten, kann schnell dazu führen, dass Sie der Stress krank macht. Sie werden nicht langfristig auf diese Art weiterarbeiten können! Überlegen Sie, ob es möglich ist, Aufgaben abzugeben oder Verantwortung zu delegieren. Dann werden Sie sich auch körperlich wieder besser fühlen.

Vernachlässigen Sie das Leben nach der Arbeit nicht. Nehmen Sie Ihre Freunde wieder genauer wahr! Die richtige Mischung aus Arbeit und Entspannung ist wichtig für Ihre geistige Frische. Wenn Sie nicht auf dieses Gleichgewicht achten, fühlen Sie sich ausgebrannt und werden im Beruf auf Dauer sicher nicht erfolgreich sein können.

Sie haben acht- bis 14-mal Ja zugeordnet: Sie gehen mit dem notwendigen Ernst an die Arbeit, können nach Feierabend aber auch gut abschalten und sich anderen Dingen widmen. Es gibt für Sie viele Dinge, die Ihre Freizeit ausfüllen und Ihr Leben lebenswert machen. Sie haben noch genug Kraft, um Ihren Hobbys nachzugehen, und für Ihre Freunde sowie für Ihre bleibt ausreichend Zeit.

Sie haben ein- bis siebenmal Ja gewählt: Sie verfügen nach der Arbeit noch über große Kraftreserven, die Sie in der Freizeit intensiv nutzen. Manchmal langweilt Sie Ihr Job. Sie fühlen sich unterfordert? Überlegen Sie sich, ob Sie sich nicht als Motivationsspritze ein neues Ziel setzen sollten. Sind Sie jedoch familiär sehr engagiert und eingebunden, genießen Sie die relativ stressfreie Arbeit, so lange es möglich ist!

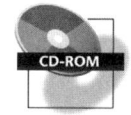

Wie bewältige ich Stress?

Mit subjektiv erlebtem, unangenehmem Stress umzugehen gehört zu den **Hauptziel** Hauptzielen Ihres 100-Tage-Plans. Zur Bewältigung von Stresssituationen stehen Ihnen annähernde und verteidigende Strategien zur Verfügung. Dabei müssen Sie entscheiden, ob Sie Ihre Reaktion auf die Ursache verändern oder die Ursache selbst beseitigen möchten – sofern dies möglich ist. Der Tod eines Menschen lässt sich nicht rückgängig machen. Dies gilt zum Beispiel meist auch für einen kompletten Datenverlust auf dem PC.
In der folgenden Tabelle werden Ihnen unterschiedliche Strategien zur Stressbewältigung vorgestellt. Während die vermeidenden dazu beitragen, ein Problem zu verschärfen, helfen die aktiven, ihnen zu begegnen.

Strategien zur Stressbewältigung

Aktiv-annähernde Stressbewältigung	Vermeidende Stressbewältigung
Suche nach sozialer Unterstützung	Sich sozial zurückziehen
Suche nach informeller Unterstützung	Aufhören zu handeln
Unterdrücken notwendiger Aktivitäten	
Aktive Konfrontation mit dem auslösenden Ereignis	Arbeit auf die lange Bank schieben, andere Ursachen als die wirklichen heranziehen
Umorientierung, alternative Handlungsentwürfe	Informationen nicht wahrnehmen, Ausblenden unerwünschter Informationen
Sich dem Problem stellen	Spannung durch Alltagsdrogen abbauen
Suche nach Erfahrungsaustausch mit anderen	Verleugnen dessen, was alle sehen
Suche nach problemorientierten Konfliktlösungen	Herunterspielen des Ereignisses, der Situation
Aktiv-kämpferischer Umgang	Dem Problem aus dem Weg gehen
Betonung auf das Positive legen	Sich in Träume und Wunschdenken flüchten
Bewahren einer optimistischen Grundhaltung	Ängstlich dabeistehen und es mit sich geschehen lassen
Sich Linderung durch angenehme Momente verschaffen	Abwesenheitszeiten erhöhen
Aktiv entspannen, Kraft tanken	Sich selber bejammern, bemitleiden
Sich selbst entlasten	Fatalistisch, resigniert reagieren
Suche nach Auseinandersetzung	Die eigene Hilflosigkeit betonen

Wie überwinde ich den Praxisschock?

Praxisschock   Der Praxisschock ereilt einen Neu-, Wieder- oder Quereinsteiger in der Regel, weil

- Theorie und Praxis auseinander klaffen,
- unvorhergesehene Situationen auftreten,
- Probleme auftauchen, mit denen man nicht gerechnet hat,
- die Arbeitszeit plötzlich strenger geregelt ist,
- der Anforderungsdruck unerwartet hoch ist,
- die Freizeit zu kurz kommt,

- das Neue kaum zu verarbeiten ist,
- die Kollegen sehr fordernd sind.

Herr N.: Das hatte er sich anders vorgestellt

Herr N. beginnt seinen neuen Job mit großer Motivation. Frisch mit einem Diplom ausgestattet, setzt er sich hohe Ziele. Er stößt jedoch schnell an Grenzen. Seine Vorstellungen von der Arbeit lassen sich in der täglichen Praxis nicht umsetzen.

Er hatte zum Beispiel seinem Mitarbeiter eine wichtige Aufgabe erläutert und auf den unbedingt einzuhaltenden Abgabetermin hingewiesen. Herr N. ging davon aus, dass der Mitarbeiter so verantwortungsbewusst handelt, wie er, Herr N., sich das vorstellt und wie er selbst handeln würde. Herr N. ist überrascht, dass der Mitarbeiter den Termin nicht einhält und eine gewisse Gleichgültigkeit an den Tag legt. Es frustriert ihn, dass er den Erfolg seiner Arbeit nicht selbst steuern kann. Unberechenbare und hinderliche Faktoren wie etwa die Unzuverlässigkeit eines Kollegen und mangelnde Kooperation beeinträchtigen seine Arbeit. Das hatte er sich anders vorgestellt! Obwohl er für die Aufgabe einen klaren zeitlichen Rahmen festgelegt hat, ist die Zeit knapp. Er wollte unbedingt vermeiden, in eine Stresssituation wie diese zu kommen, doch jetzt ist er mittendrin.

Um solche Situation künftig zu vermeiden, sollte Herr N. folgende Empfehlungen befolgen:

- Darauf achten, wie die Mitarbeiter ihre Aufgaben erledigen,
- mehrmals den Zwischenstand der Arbeit kontrollieren,
- den Abgabetermin des Kollegen vor den endgültigen Termin legen, um Spielraum für die Fertigstellung oder für Korrekturen zu haben, *Abgabetermine prüfen*
- im eigenen Team Verantwortung für die korrekte und pünktliche Erfüllung des Projekts übernehmen,
- die Mitarbeiter besser führen und sie dazu bringen, seine Forderungen anzunehmen und diese zu erfüllen,
- die Stärken und Schwächen seiner Mitarbeiter kennen lernen,
- die Mitarbeiter immer wieder fordern, aber auch fördern,
- lieber einmal zu misstrauisch als zu gutgläubig sein.

Behalten Sie auch während des Praxisschocks einen klaren Kopf, und entspannen Sie sich aktiv. Bauen Sie Ihre Freizeitaktivitäten langsam wieder *Aktive Entspannung* aus. Schaffen Sie sich neue Rituale in Ihrer Partnerschaft. Gönnen Sie sich die nötige Ruhe und werden Sie nicht ungeduldig. In einigen Tagen und Wochen werden sich Ihre Anpassungsbemühungen auszahlen.

Wie gehe ich mit Konflikten um?

Hohes Konflikt-potenzial Konflikte sind ein fester Bestandteil des menschlichen Zusammenlebens. Fast immer gibt es Interessengegensätze. Verschiedene Sichtweisen, Absichten, Meinungen und Einstellungen müssen in Einklang gebracht werden – das gehört auch zum beruflichen Alltag. Denn gerade zwischen Kollegen ist das Konfliktpotenzial hoch: Zu den Auslösern von Meinungsverschiedenheiten zählen zum Beispiel das Rauchen am Arbeitsplatz, unterschiedliche Vorstellungen über die Zielsetzungen oder persönliche Animositäten.

Wie kläre ich Meinungsverschiedenheiten?

Wenn Sie mit einem Ihrer Kommunikationspartner nicht übereinstimmen, beharren Sie nicht unter allen Umständen auf Ihrem Standpunkt. Verstricken Sie sich nicht in eine Auseinandersetzung darüber, wer Recht hat und wer nicht. Auch wenn Sie aus einem Streit als Sieger hervorgehen, kann Ihnen eine solche Haltung langfristig doch schaden. Es geht nicht um siegen oder gewinnen. Schaffen Sie vielmehr eine Atmosphäre, in der beide Seiten das Gefühl haben, den Konflikt ohne Gesichtsverlust beenden zu können.

Experten-Tipp

Um das zu erreichen, beachten Sie die folgenden Verhaltensregeln.

- Hören Sie sich in Ruhe an, was Ihr Kollege sagt.
- Versuchen Sie, seine Sicht der Dinge zu verstehen.
- Denken Sie darüber nach, was Sie dem entgegensetzen können.
- Verwenden Sie Ich-Botschaften (s. Kapitel fünf), wenn Sie Ihren Unmut kundtun.
- Kritisieren Sie das Verhalten, nicht die Persönlichkeit des anderen.
- Behalten Sie stets Ihren Anteil an der Beziehungsgestaltung im Auge.

Worksheet auf CD-ROM!
- Vereinbaren Sie lieber ein weiteres Treffen, wenn sich die beiden Meinungen nicht annähern.   ◄

Wie verhalte ich mich bei Konflikten mit Vorgesetzten?

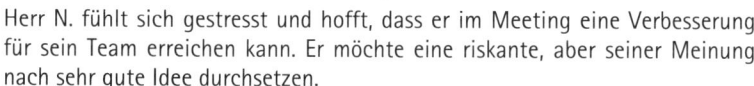

Herr N. und Frau F.: Blockierung neuer Ideen

Am Abend vor einem wichtigen Meeting trifft sich Herr N. mit Frau F. Herr N. berichtet, dass sich die Firma plötzlich in einer Umbruchsituation befindet: Zwei langjährige Mitarbeiter sind ausgeschieden, und seine Abteilung muss plötzlich auch noch die Lohnabrechnung für alle Mitarbeiter übernehmen.

Herr N. fühlt sich gestresst und hofft, dass er im Meeting eine Verbesserung für sein Team erreichen kann. Er möchte eine riskante, aber seiner Meinung nach sehr gute Idee durchsetzen.

Herr N.: „Ich befürchte allerdings, dass ich nicht alle überzeugen kann. Ich habe zu wenig Argumente. Vor allem der Stellvertreter des Chefs hat bisher noch jede meiner Ideen abgeschmettert. Mit seinem akkuraten Scheitel und seinem feinen Anzug wirkt er so unnahbar. Ich komme nicht gegen ihn an. Und die neue Aufgabenverteilung haben wir auch ihm zu verdanken."

Frau F.: „Ich hoffe nicht, dass du deswegen nachts nicht schläfst."

Herr N. schüttelt zwar den Kopf, sagt aber: „Dazu fehlt nicht mehr viel." ◄

Welche Konfliktlösungsstrategien kann ich anwenden?

Gemeinsam beleuchten Herr N. und Frau F. die Situation näher. Zuerst sortieren sie die Konfliktbereiche. Einerseits handelt es sich um einen inneren Konflikt: Herr N. traut sich nicht zu, sein Projekt zu vertreten, muss es aber trotzdem tun. Andererseits wird der Stress durch einen zwischenmenschlichen Konflikt verstärkt: Herr N. sieht sich mit dem Chefstellvertreter konfrontiert, der ihn angeblich nicht leiden kann.

Konflikt-bereiche finden

Herr N.: Lösungsstrategien

Herrn N. und Frau F. fallen einige Lösungsmöglichkeiten ein. Manche davon vermindern den Stress kurzfristig (das Meeting absagen, eine weniger peppige Präsentation), ziehen jedoch den Konflikt in die Länge. Andere greifen vielleicht langfristig (die Aufgabenverteilung in der Abteilung neu regeln), helfen Herrn N. aber in der momentanen Stresssituation nicht weiter.

Anschließend erarbeiten sie zwei Checklisten, mit denen sie Strategien festlegen, um den Konflikt zu lösen.

Konflikt 1 – intrapersonell	Konflikt 2 – interpersonell
Sich auf das Meeting gut vorbereiten.	Zuerst fragt sich Herr N., warum er dem Vize-Chef so wenig vertraut.
Alle Argumente noch einmal durchgehen und eventuelle Gegenargumente prüfen.	Gibt es Ereignisse, die das Erleben von Herrn N. rechtfertigen, oder handelt es sich nur um Vermutungen und Phantasien?
Innerlich Ruhe bewahren, die Wichtigkeit des Problems relativieren.	Er beschließt, einen Kollegen zu Rate zu ziehen
Sich eine frühere Situation in Erinnerung rufen, in der Herr N. überzeugen konnte, die Siegerstimmung mit in das Meeting nehmen.	Wenn der Kollege den Eindruck bestätigt, bittet Herr N. den Stellvertreter des Chefs um ein Gespräch.
Sich selbst davon überzeugen, die Diskussion im eigenen Sinne lenken zu können.	Herr N. nimmt sich vor, alle Unklarheiten offen anzusprechen.
Äußerlich Ruhe bewahren: entspannt und aufrecht sitzen, Arme und Hände ruhen locker auf dem Tisch, Nervosität nicht durch Spielen mit dem Kugelschreiber verraten.	Herr N. will nachfragen, ob der Vizechef ihm persönlich nicht wohlgesinnt ist.
Blickkontakt mit dem Kontrahenten halten.	Herr N. will sich nicht länger durch Äußerlichkeiten beeinflussen lassen.
Sachlich bleiben und von den anderen stichhaltige Argumente fordern.	

Herr N. fühlt sich nach dem Gespräch mit Frau F. viel besser: Er ist zuversichtlich und ruhiger als zuvor. Nun vertraut er auf sich selbst und legt damit den Grundstein für eine starke Verhandlungsposition.

Schlafe ich gut?

Schlafmangel als Stressfaktor

Schlafmangel und schlechter Schlaf sind ein spezieller Stressfaktor. Wer nachts nicht entspannt schlafen kann, ist körperlich erschöpft und unkonzentriert. Der Körper stellt in diesem Fall nicht genügend Energie zur Verfügung und körperliche Beschwerden wie Rücken- oder Kopfschmerzen stellen sich ein.

Als Ursache für Schlaflosigkeit und –störungen kommen folgende Faktoren infrage:

- Sorgen und Ängste
- die Unfähigkeit, vom Tagesgeschehen abzuschalten
- körperliches Unwohlsein
- pessimistische Zukunftserwartungen.

Außerdem gibt es eine Reihe von Verhaltensweisen, die den Schlaf beeinträchtigen können:

- Alkoholkonsum vor dem Schlafen,
- bestimmte Medikamente,
- schwere Mahlzeiten spät am Abend,
- Kaffeekonsum vor dem Schlafengehen,
- Nikotingenuss vor dem Schlafengehen,
- andere Aktivitäten im Bett als Schlafen und Sex,
- Körperertüchtigung unmittelbar vor dem Schlafen,
- zu ausgiebige Nickerchen tagsüber,
- das Einschlafen erzwingen wollen.

Damit Sie gut und tief schlafen, sollten Sie optimale Bedingungen schaffen. **Optimale Schlafbedingungen** Dafür empfiehlt sich eine bequeme und nicht zu weiche Matratze in einer dunklen Umgebung. Das Zimmer sollte gut gelüftet sein, störende Geräusche allerdings möglichst verbannt werden. Achten Sie darauf, dass Sie ohne Störungen durchschlafen und Ihre Mindestschlafzeit einhalten.

Um Ihren Schlaf erheblich zu verbessern, können Sie sich beispielsweise ein Zubettgehritual schaffen, das Sie jeden Abend – soweit möglich – durchführen. Damit signalisieren Sie sich und Ihrem Körper, dass die Schlafenszeit gekommen ist. Auf diese Weise geben Sie sich selbst die Gelegenheit, sich zu beruhigen, bevor Sie ins Bett gehen.

Behalten Sie möglichst ein gleich bleibendes Schlafmuster bei, sodass sich Ihr Körper nicht immer an neue Rhythmen gewöhnen muss. Ein warmes Bad zum Abschluss des Tages entspannt den Körper und sorgt damit für die nötige Bettschwere.

Beachten Sie beim Umgang mit Stress folgende Empfehlungen:

NoNo	GoGo
Körperliche Symptome ignorieren.	Das Gespräch mit einer Person Ihres Vertrauens suchen, zunächst durchaus auch außerbetrieblich.
Eine wichtige Aufgabe auf den nächsten Tag verschieben.	Einen Plan zur Veränderung der Situation entwerfen.
Hoffen, dass irgendwann alles von selbst besser wird.	Entspannungstechniken wie Yoga, Meditation, autogenes Training üben und den Körper durch Schwimmen oder Joggen fit halten.
Gegen sich selbst kämpfen.	Sich Überlastungen eingestehen.
Sich durch legale oder illegale Drogen ablenken.	Die eigenen Einflussmöglichkeiten erkennen.
Dinge ändern wollen, die Sie nicht ändern können.	Sich im Privatleben Abwechslung verschaffen.
Warten, bis gar nichts mehr geht.	Auf vereinbarten Arbeitszeiten bestehen.
Den Frust in der eigenen Familie ablassen.	Die verfügbare Zeit flexibel gestalten.
Andere für eigene Fehler und Probleme verantwortlich machen.	Sich nicht bei der Lösung einer Aufgabe verrennen; wenden Sie sich etwas anderem zu, und befassen Sie sich zu einem späteren Zeitpunkt wieder mit diesem Problem.
Der vergehenden Zeit hinterherjagen.	Belohnen Sie sich selbst, indem Sie sich jeden Tag einen Höhepunkt verschaffen.

Kapitel neun: Wie bewältige ich Unsicherheiten und Ängste?

Erfolg und Misserfolg liegen nah beieinander. Misserfolge zu meiden, heißt, Erfolg und auf ehrgeizige Ziele zu verzichten. Vielleicht werden Sie dann die Probezeit Misserfolg hinter sich bringen. Doch ohne größere Herausforderungen werden Sie nie die Genugtuung eines errungenen Erfolgs verspüren. Der Volksmund drückt es ähnlich aus: „Wer nicht wagt, der nicht gewinnt!" Akzeptieren Sie, dass es Situationen in Ihrem Job gibt, in denen Sie verunsichert sind und sich fragen, ob Sie wirklich alles schaffen können. Akzeptieren Sie solche Momente und lernen Sie, damit offen und offensiv umzugehen.

Es gehört zu den unvermeidlichen Alltagserfahrungen, dass wider Erwarten Dinge geschehen, die sich unserer unmittelbaren Kontrolle entziehen:

- Ein Termin platzt – oder ein Autoreifen,
- ein Kunde ist nicht erreichbar,
- der Chef überträgt Ihnen eine zusätzliche, schwierige Aufgabe,
- der neue Chef gibt Ihnen kein Feedback,
- Sie verlieben sich in einen Ihrer Kollegen,
- ein Kollege mobbt sie.

Sie sollten auch auf unvorhergesehene Ereignisse gut vorbereitet sein. Züge Unvorhergesehenes einplanen kommen zu spät. Kinder werden krank. Computertechnik verweigert den Dienst. Der Arztbesuch dauert erheblich länger als geplant. In solchen Situationen entsprechen die Geschehnisse weder unseren Erwartungen noch denen der anderen. Wenn durch äußere Widrigkeiten Termine platzen oder wenn Sie eine Vereinbarung nicht einhalten können, enttäuschen und verärgern Sie Ihre Mitmenschen. Sie sind verunsichert und geraten unter Rechtfertigungsdruck. Im schlimmsten Fall machen Ihnen die Mitmenschen Vorwürfe, im besten fragen sie interessiert nach.

In solchen Situationen angemessen zu reagieren gehört zu den Herausforderungen, denen Sie sich täglich aufs Neue stellen müssen. Wenn der geplante Ablauf durch Unvorhergesehenes gestört wird, überlegen Sie, welche kurz,- mittel- und langfristigen Folgen sich daraus ergeben können.

- Werden Sie durch das Ereignis auf absehbare Zeit an der Erreichung Ihrer Ziele gehindert?
- Verfügen Sie über Handlungsalternativen?
- Können Sie flexibel und auf Umwegen doch noch zum Ziel gelangen?
- Oder sollten Sie sich für den Moment auf andere Ziele konzentrieren?

Es hängt vor allem von Ihrer Einschätzung ab, wie Sie eine Stresssituation erleben (s. Kapitel acht). Je weiter Sie das Ereignis von sich weg halten, desto weniger wird es Sie belasten.

Abhängigkeit von Dritten In einem Betrieb ist das Spektrum möglicher Erwartungsenttäuschungen so vielfältig wie die Arbeitsabläufe und die Persönlichkeiten der Mitarbeiter. Insbesondere in Situationen, in denen die eigene Leistung von der Zuarbeit Dritter abhängt, entstehen regelmäßig Verunsicherungen und Ängste. Sie müssen sich überlegen, wie Sie mit solchen Situationen umgehen.

Manche der folgenden Situationen entstehen unbeabsichtigt, doch können sie ebenfalls zu Verunsicherungen führen:

- Chefs, die nicht loben, wenn es von ihnen erwartet wird,
- Chefs, die kritisieren, wenn dies nicht erwartet wird,
- Chefs, die private Einladungen aussprechen, ohne daran zu denken, dabei auch den Lebenspartner des Gastes zu berücksichtigen,
- Kollegen, die wichtige Informationen nicht weitergeben und den Mitarbeiter damit ins Leere laufen lassen,
- Kollegen, die andere sexuell belästigen,
- die Vermischung von beruflichen und privaten Beziehungen,
- ein wenig kooperatives Arbeitsklima, das der eigenen Leistungsentfaltung im Wege steht,
- ein Arbeitsumfeld, in dem das eigene Geschlecht in der Minderheit ist,
- **Altersunterschiede** • eine Arbeitsumgebung, in der große Altersunterschiede herrschen,
- schwache Chefs, denen stärkere Kollegen das Wasser abgraben.

Wie reagiere ich, wenn ich mich unsicher fühle?

Damit Sie künftig in solchen Situationen, die Sie verunsichern, eine angemessene Reaktion zeigen können, sollten Sie die folgenden Verhaltensempfehlungen beherzigen.

> **Grundsätzlich gilt:**
> - Bewahren Sie Haltung.
> - Lassen Sie sich nicht einschüchtern, wenn Sie mit Ihrer Unsicherheit konfrontiert werden.
> - Finden Sie heraus, wem Sie vertrauen können.
> - Sprechen Sie mit einer geeigneten Person über Ihre Verunsicherung. Sie werden erfahren, dass Sie mit diesem Gefühl nicht allein sind.
> - Denken Sie sich Strategien aus, mit denen Sie auf unvorhergesehene Ereignisse reagieren können.
> - Übernehmen Sie die Verantwortung, wenn Sie wissen, dass Sie verantwortlich sind.
> - Schieben Sie nie die Schuld auf andere. Sie machen sich damit kleiner, als Sie sind.
> - Verändern Sie Ihre Planung, um mehr Spielraum für unvorhergesehene Ereignisse zu schaffen.

Experten-Tipp

Worksheet auf CD-ROM!

Wie gehe ich mit Ängsten um?

Angst gehört zum Leben wie Wut, Trauer oder Freude. Sie erfüllt die wichtige Signalfunktion, uns auf Gefahren aufmerksam zu machen. Adrenalin wird freigesetzt, die Blutzirkulation angeregt und der Blutdruck erhöht sich. Ihr Körper reagiert: Sie fangen an zu schwitzen, atmen schneller und Ihr Herz klopft wie wild.

Signal für Gefahr

Während die leichte Form der Erregung der Gefahrenabwehr dient und das Reaktionsvermögen steigert, sind alltägliche Ängste nicht unbedingt funktional. Zwar signalisieren sie Ihnen ebenfalls, dass Sie sich fürchten und am liebsten einer Situation entfliehen möchten, häufig ist die Angst jedoch dem Anlass unangemessen oder entsteht in einer Konfliktsituation, der Sie sich gern entziehen möchten.

Sich seine Ängste einzugestehen ist nicht leicht. Schnell stehen Sie damit als Feigling oder Schwächling da. Die innere Unruhe, die Ihre Ängste begleitet, verhindert zudem, dass Sie konstruktiv und produktiv damit umgehen. Das kann sogar so weit gehen, dass der bloße Gedanke an eine unangenehme Situation ausreicht, um eine Panikattacke auszulösen.

Wenn Ihnen Angstgefühle zu schaffen machen, halten Sie sich an folgende Regeln:

- Unterdrücken Sie die Angst nicht!
- Verleugnen Sie dieses Gefühl nicht aus falscher Scham!
- Leben Sie mit Ihren Ängsten!
- Gehen Sie gegen Ihre Ängste an, indem Sie sich der Situation aussetzen, die Ihnen am meisten Angst einflößt!
- Verschaffen Sie sich Klarheit darüber, worin Ihre Ängste bestehen. Reden Sie mit anderen Menschen über Ihre Ängste. Sie werden merken, dass Sie damit nicht allein sind!
- Machen Sie sich nicht schon heute Sorgen über diffuse zukünftige Situationen!
- Finden Sie heraus, ob Ihnen Ihre Angst auch Lust bereitet. Die damit einhergehende körperliche Erregung kann durchaus positive Seiten haben.

Worksheet auf CD-ROM!

- Wenn der Leidensdruck zu groß wird, suchen Sie Rat bei einem Psychotherapeuten!

Vergessen Sie nie: Ein Leben ganz ohne Angst wird es nie geben; schon deswegen nicht, weil Angst eine Überlebensstrategie ist. Streben Sie aber immer eine wohl dosierte Mischung an, damit dieses Gefühl nicht Ihr Leben beherrscht.

Welche Problemlösungsmethoden kann ich anwenden?

Auch eine Arbeit, die Sie vor Probleme stellt, kann Ängste auslösen. Vielleicht ist diese Aufgabe neu, und Sie verfügen noch nicht über die entsprechende Qualifikation, um sie zu lösen. Es kann aber auch sein, dass Sie selbst mit einer Idee vorpreschen, von der sich erst hinterher herausstellt, dass sie nur schwer in die Tat umzusetzen ist. Die Lösungsmöglichkeiten in solchen Situationen sind ähnlich wie die Konfliktlösungsstrategien (s. Kapitel acht).

- Bestimmen Sie zunächst das Problem.
- Benennen Sie das Problem und umschreiben Sie es. Halten Sie den Istzustand fest. Definieren Sie einen gewünschten Sollzustand.

Lösungsalternativen

- Entwickeln Sie Lösungsalternativen. Sammeln Sie möglichst viele, vielleicht auch abwegige Vorschläge. Entscheiden Sie am Ende selbst, welcher Weg Ihnen als der optimale erscheint.

- Tragen Sie Ihre Lösung jemandem vor, diskutieren Sie die eigenen Vorschläge, holen Sie sich Anregungen von erfahrenen Kollegen und lassen Sie die anderen Meinungen einfließen.

- Wählen Sie die Ihrer Ansicht nach beste Lösung. Legen Sie dabei einen Kompromiss zugrunde, der sich zwischen dem Machbaren und dem Wünschenswerten bewegt.

- Setzen Sie Ihre Lösung um. Entwerfen Sie dafür ein Konzept, das Sie jederzeit überprüfen können. Damit lässt sich auch herausfinden, ob Sie sich noch auf dem Weg zum Ziel befinden.

- Haben Sie Ihren Weg beschritten, kontrollieren Sie immer wieder, ob die Lösung noch Ihren Zielvorgaben entspricht. ◄

Wie kann ich aus meinen Fehlern lernen?

Frau F.: Umgang mit einer Abmahnung

Frau F. hat unerwartet eine Abmahnung erhalten. In der Probezeit eine ungewöhnliche und zudem drastische Maßnahme. Sie ist sich keines Fehlers bei ihrer Arbeit bewusst. Das einzige Problem ist, dass die Kinderbetreuung noch nicht reibungslos funktioniert. Sie hat Angst, dass ihr bisher ganz geglückter Wiedereinstieg ins Arbeitsleben gefährdet ist. Und zwar aus Gründen, die sie nicht beeinflussen kann.

Doch neben der Angst vor der Zukunft verspürt sie auch Wut darüber, dass ihr neuer Arbeitgeber so wenig Verständnis aufbringt und strikt auf der Einhaltung der Arbeitszeiten besteht, aber nicht anerkennt, dass sie ihre Arbeit dennoch zur Zufriedenheit aller erledigt. ◄

In einem solche Fall sollten Sie

- Ruhe bewahren,

- das Angebot zu einem Gespräch annehmen,

- Gesprächsstrategien entwerfen,

- Vorgaben festlegen, was Sie Ihrem Gegenüber in einem solchen Gespräch vermitteln wollen,

- einen guten Ansatzpunkt für Ihre Botschaft finden,

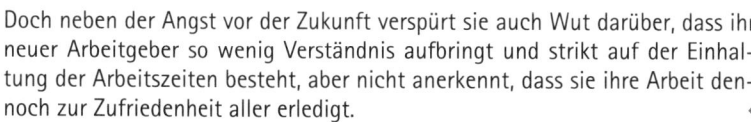

- mögliche Reaktionen des Vorgesetzten durchspielen,
- Ihre eigenen Reaktionen ausprobieren,
- Ruhe bewahren.   ◄

Entscheidende Maxime Ruhe bewahren erscheint zweimal in dieser Liste, weil diese Maxime entscheidend für Ihr Verhalten ist. Natürlich könnte sich Frau F. von dem Gedanken beherrschen lassen, dass nun alles aus ist und resignieren. Dann würde sie sich jedoch selbst blockieren und Gefahr laufen, sich falsch zu verhalten.

Im weiteren Verlauf könnte auch ihre Arbeitsleistung leiden. Eine Abmahnung ist nicht das Ende der beruflichen Laufbahn. Frau F. muss nun entweder ihre Zeitabstimmung in den Griff bekommen, also eine Lösung für die Probleme finden, oder ihren Vorgesetzten dazu bringen, anders mit ihren Unpünktlichkeiten umzugehen.

Wann muss ich Grenzen ziehen?

Mobbing Ein weiterer Umstand, der einen Mitarbeiter erheblich verunsichern kann, ist Mobbing am Arbeitsplatz. Darunter fällt das systematische Ausgrenzen und Terrorisieren eines bestimmten Mitarbeiters entweder durch den Chef oder durch den Kollegenkreis. Dazu kann es unter anderem kommen, wenn zum Beispiel der Vorgesetzte einen Mitarbeiter aus der Firma drängen will oder die Kollegen sich gegen einen der ihren verschworen haben. In einem solchen Fall werden gezielt Falschinformationen verbreitet oder der Arbeitsablauf des Betroffenen gestört. Manchmal wird das Opfer geschnitten, vom Team zum Sündenbock für alle Fehler gemacht, gedemütigt und in die Enge getrieben.

Experten-Tipp

Wenn Sie sich gegen derartige Attacken wehren müssen, beachten Sie die folgenden Ratschläge.

- Versuchen Sie die Situation so schnell wie möglich zu klären. Wehren Sie schon den Anfängen, sonst wird der Kreis Ihrer Gegner immer größer und die Situation spitzt sich mehr und mehr zu.
- Ziehen Sie einen Kollege zu Rate, den Sie auf Ihrer Seite wissen.

- Sprechen Sie mit dem Betriebs- beziehungsweise Personalrat oder mit der Frauenbeauftragten über Ihre Erfahrungen.
- Versuchen Sie nicht, zurückzumobben!
- Lassen Sie sich nicht auf das Niveau Ihrer Gegner ein!
- Bleiben Sie integer, zeigen Sie Stärke, auch wenn es schwer fällt. Wenn Sie sich schwach und verwundbar geben, dann haben Ihre Gegner ihr Ziel erreicht.
- Entscheiden Sie sich dazu, den Job aufzugeben, wenn das Arbeitsklima unwiderruflich vergiftet ist. ◄

Wie gelange ich zu mehr Selbstsicherheit?

„Mit manchen Dingen muss man prahlen, um sich ihrer nicht zu schämen!", findet Jean Paul. Indem Sie offensiv mit Ihren Ängsten und Unsicherheiten umgehen, nehmen Sie Kritikern den Wind aus den Segeln.

Offensiver Umgang

Frau F.: Zu eigenen Unsicherheiten stehen

Frau F. gibt offen und frühzeitig zu, dass sie schnell rot wird, wenn sie in das Zentrum der allgemeinen Aufmerksamkeit gerät. Auch wenn ein Kollege sie herausfordernd betrachtet, steigt ihr das Blut in den Kopf. Sie weiß, dass diese Körperreaktion erst recht eintritt, wenn sie sie verhindern möchte. „Es gibt Kollegen, die sich für meine gesunde Gesichtsfarbe täglich ins Solarium legen", sagt sie selbstbewusst und forsch – und vermeidet so weitere Blicke und vermeintlich witzige Sprüche. ◄

Zu den wichtigsten Kriterien der Selbstsicherheit zählen folgende die Fähigkeiten, die Jürgen Margraf und Katharina Rudolf in ihrem Buch „Soziale Kompetenz" formuliert haben:

- eigene Interessen, Bedürfnisse, Gefühle, Ansichten und Einstellungen offen äußern können,
- Interessen, Bedürfnisse, Gefühle, Ansichten, Einstellungen anderer wahrnehmen und aufgreifen können,
- eigene Interessen, Bedürfnisse, Gefühle, Ansichten, Einstellungen angemessen durchsetzen können,
- unberechtigte Kritik und Forderungen anderer zurückweisen können,

- berechtigtes Lob, gerechtfertigte Kritik und auch Forderungen annehmen können,
- selbst Lob, Kritik und Forderungen aussprechen können,
- Kontakte zu anderen Personen herstellen, aufrechterhalten und beenden können,
- sich Fehler erlauben können,
- sich öffentlicher Beachtung aussetzen können.

Zur Steigerung der Selbstsicherheit eignen sich folgende Übungen:

- Üben Sie mit einem Bekannten, Freund oder Verwandten das gegenseitige Vorstellen!
- Üben Sie mit einem Bekannten, Freund oder Verwandten, über ein unsinniges Thema zu reden!
- Üben Sie Ja und Nein zu sagen!
- Üben Sie sich darin, Komplimente zu machen und entgegenzunehmen!
- Üben Sie sich in Gesprächsführung. Lernen Sie, zwischen offenen und geschlossenen Fragen zu unterscheiden!
- Äußern Sie Bitten und Wünsche!
- Üben Sie, anderen Bitten und Wünsche abzuschlagen!
- Üben Sie Ablehnungstechniken und den Umgang mit hartnäckigen Personen!
- Üben Sie, andere zu kritisieren und selbst mit Kritik umzugehen!
- Setzen Sie sich öffentlicher Beachtung aus, vertreten Sie persönliche Stärken und Schwächen!
- Üben Sie, sich zu behaupten und zeigen Sie Beharrlichkeit!
- Üben Sie, sich klar und deutlich auszudrücken!
- Üben Sie, mit fester Stimme und in normaler Lautstärke zu sprechen! ◄

Worksheet auf
CD-ROM!

Frau F.: Durchsetzung eigener Vorschläge

Frau F. und Herr N. sitzen wieder einmal gemeinsam im Café. Frau F. ist recht niedergeschlagen, denn sie hat ihre Ideen in der Teamsitzung nicht einbringen können. Sie sei nicht zu Wort gekommen. „Ich habe einige Male versucht, die Diskussion auf meine Vorschläge zu lenken. Aber der Kollege M. hat mich immer übertönt. Wie erreiche ich nur, dass man mir zuhört und mich ernst nimmt?"

Herr N. überlegt. „Na ja, wenn ich mir überlege, dass ich hier im Café auch manchmal Schwierigkeiten habe, dich zu verstehen …"

„Das ist nicht dein Ernst", entgegnet Frau F. „Du hast noch nie gesagt, dass …"

„Nun, ich wollte nicht unhöflich sein …"

„Du meinst, ich rede zu leise und kann mich deswegen nicht verständlich machen?", hakt Frau F. nach.

Herr N. nickt: „Ja, auch ich muss mich manchmal anstrengen, zu verstehen, was du sagst."

Frau F. erkennt, dass es wohl auch an ihr selbst liegt, wenn sie nicht zu Wort kommt. Ihre Stimme findet einfach kein Gehör – auch wenn ihre Ideen noch so gut sind.   ◄

Wie gewinne ich Ruhe und Gelassenheit?

Ruhig, gelassen und sicher durch die ersten 100 Tage und die Probezeit zu kommen gehört zu den wichtigen Zielen Ihres 100-Tage-Plans. Folgende Strategie kann Ihnen dabei helfen, Situationen, die Sie verunsichern, zu erkennen und damit umzugehen.

Ruhe und Gelassenheit

1. Bilanzieren Sie den Stand der Dinge. Schreiben Sie sich auf, welche Situationen Sie bisher aus der Bahn geworfen und in denen Sie anders reagiert haben, als von Ihnen geplant. Achten Sie auf Ihre Intuition. Gestehen Sie sich ein, welche Dinge nicht so gelaufen sind, wie Sie es sich gewünscht hätten. Vergegenwärtigen Sie sich Momente des Versagens und der Krise.

2. Ergänzen Sie folgende Sätze. Suchen Sie so viele Variationen, wie Ihnen einfallen:

   – Ich wäre viel ausgeglichener, wenn …
   – Ich wäre viel ruhiger, wenn …
   – Ich wäre viel sicherer, wenn …

3. Bestimmen Sie die Faktoren, die Sie verunsichern und Ihnen Angst machen. Erstellen Sie eine Liste mit Ihren individuellen Problembereichen.

Das können einerseits innere Störungen wie mangelndes Selbstbewusstsein oder Überforderung sein, andererseits aber auch externe Störungen wie ein ungerechter Chef oder unkollegiale Mitarbeiter. Versetzen Sie sich in möglichst viele schwierige Situationen. Registrieren Sie die Angst, Unruhe oder Verunsicherung, die Sie jeweils dabei empfinden. Schätzen Sie die Stärke des Gefühls auf einer Skala von null bis hundert ein. Ein Wert gegen null bedeutet, dass Sie die Situation als ungefährlich betrachten, geht er gegen hundert, ist dies ein Hinweis auf Panik.

4. Überlegen Sie, wie die Störungen neutralisiert werden könnten. Für jedes Problem gibt es mehrere Lösungen. Trainieren Sie Ihre Selbstsicherheit oder legen Sie sich schlagfertige Bemerkungen zurecht. Widmen Sie sich intensiv Ihrer Weiterbildung oder organisieren Sie Ihre Ablage besser. Versuchen Sie alles, was in Ihrer Macht steht, aber tun Sie nicht nichts. Zeigen Sie sich selbst, wie initiativ Sie sind, und dass Sie sich den Schwierigkeiten stellen. Verlassen Sie Wege, die sich als falsch erweisen, und vermeiden Sie es, Ihre Fehler zu wiederholen.

Rollenspiele 5. Versetzen Sie sich gedanklich immer wieder in eine Situation, die Sie verändern wollen. Spielen Sie das Geschehen durch, nehmen Sie dabei eventuell auch die unterschiedlichen Rollen der Beteiligten ein. So lernen Sie Ihre eigenen Argumente und die der anderen besser kennen. Entwirren Sie Ihre Gedanken, und bereiten Sie sich auf die nächste schwierige Situation gezielt vor.

6. Sorgen Sie regelmäßig für Entspannung. Machen Sie sich mit den im Folgenden dargestellten Entspannungsmethoden vertraut, von denen Sie sich den größten Effekt erwarten. Testen Sie verschiedene Techniken. Entscheiden Sie dann, welches Verfahren für Sie am besten geeignet ist.

Entspannungstechniken

- Muskeln anspannen und entspannen – die progressive Muskelrelaxation nach Jacobson: Diese Methode ist ein Weg, Ihren Körper und Ihre Körperempfindungen besser kennen zu lernen. Machen Sie es sich auf einer Decke oder Matratze bequem. Nehmen Sie nacheinander Kontakt zu den einzelnen Muskelpartien Ihres Körpers auf, spannen Sie diese gezielt an und entspannen Sie sie wieder.

- Massage: Lassen Sie sich von Ihrem Partner oder einem professionellen Masseur verwöhnen. Ein gezieltes Aktivieren von Haut und Muskeln vom Kopf bis zu den Füßen entspannt den Körper. Massage fördert die Durchblutung, intensiviert das Körpererleben und befreit den Kopf von quälenden Gedanken;

- Tai Chi: Chinesische Gymnastikübungen zur inneren Beruhigung und zur Muskelaktivierung. In China werden sie vor allem als Morgensport ausgeführt. *Tai Chi*

- Autogenes Training: Eine Form der Selbstversenkung durch begleitende Selbstsuggestionen wie „Ich bin ganz ruhig", „Meine Beine sind angenehm schwer", „Ich atme ruhig und gleichmäßig", „Ich vertraue auf meine innere Kraft".

- Yoga: Indische Methode zur völligen Körperbeherrschung und Befreiung des Geistes. Es geht dabei um körperliche Übungen und Konzentration. Zu den Techniken gehören Atemübungen, systematische Dehn- und Streckübungen der Muskeln und der Bänder, Übungen, um die Wirbelsäule und die Gelenke beweglich zu halten sowie den Kreislauf anzuregen. *Yoga*

- Meditation: Geistige Übung, um das innere Selbst zu erfahren und die eigene Mitte zu finden. Hierzu werden Atemmeditationen, die bewusste Wahrnehmung des Atems, das gezielte Ein- sowie Ausatmen trainiert. Aber auch Laufmeditationen (mindestens eine halbe Stunde) beruhigen das Selbst und ermöglichen die innere Einkehr. Die Konzentration auf Puls, Herzschlag, Schweiß, Anstrengung oder Rhythmus sind die wesentlichen Wege nach innen.

- Leichtes Ausdauertraining bis zu 45 Minuten (Schwimmen, Joggen, Radfahren) versetzt in angenehm euphorische Stimmung.

- Auch ein erfülltes Sexualleben sorgt für Entspannung.

- Des Weiteren können Sie verschiedene technikgestützte Verfahren wie Mind Machines, Biofeedback oder Audiokassetten und CDs zur Entspannung einsetzen.

Wenn Sie sich an die folgenden Empfehlungen halten, werden Sie den Umgang mit Unsicherheiten und Ängsten lernen.

NoNo	GoGo
Mit dem Fuß aufstampfen, wenn es nicht so läuft, wie Sie es gern hätten.	Überlegen, was Sie verunsichert.
Losbrüllen, wenn Ihnen etwas nicht passt.	Suchen Sie die Schuld immer auch bei sich. Nur selten ist einer allein schuld.
Kritik ignorieren.	Akzeptieren Sie konstruktive Kritik.
Die Schuld an einem Fehler auf andere schieben.	Trennen Sie zwischen Ihrem Privatleben und Ihrer Arbeit. Wenn in der Arbeit etwas schief geht, ist nicht das ganze Leben verpfuscht.
Sich selbst belügen.	Setzen Sie sich mit möglicher Kritik auseinander.
Seine Kompetenzen überschreiten.	Verbergen Sie Ihre Unsicherheit nicht. Wie sollte sich die Beziehung zu Ihrem Gegenüber verbessern, wenn Sie ihm nicht mitteilen, dass Sie verunsichert sind?
Die anderen Kollegen provozieren und ihnen Streiche spielen.	Gewinnen Sie Ihrer Angst produktive Seiten ab. Machen Sie lieber einen weiteren Fehler, bevor Sie gar nichts tun.
So tun, als könnten Sie jede Situation meistern. Sie können es nicht.	Gestehen Sie auch Dritten gegenüber Ihre Fehler ein. Die anderen werden so oder so davon erfahren. Sorgen Sie dafür, dass Ihre Version als erste unter die Leute kommt.
Sich verstellen. Ihre Kollegen werden Sie durchschauen.	Seien Sie nachsichtig mit sich selbst, lassen Sie Gefühle zu.

Kapitel zehn: Bilanz und Ausblick

„Sobald ein Problem gelöst ist, scheint das, was einen gequält hat, furchtbar dumm und trivial." (Ken Zaburo Oe)

Welche innere Haltung nehme ich ein?

Wenn Sie daran glauben, dass Sie Ihr Ziel erreichen, so strahlen Sie diese Überzeugung auch aus: nach innen und nach außen, vor sich und vor anderen. Ihr Chef wird Ihnen eher entgegenkommen und Ihnen mehr Verantwortung übertragen, wenn Sie stark wirken und sowohl an sich als auch Ihre Möglichkeiten glauben. Diese Überzeugung überträgt sich auf Ihren Chef. Ihre innere Einstellung entscheidet darüber, ob Ihr Plan Erfolg hat und ob Sie erreichen, was Sie wollen. Sie haben sich vorgenommen, Ihre Ziele umzusetzen, also setzen Sie alles daran, diese auch zu verwirklichen. Sie schaffen die Grundlage für die sich selbst erfüllende Prophezeiung am Ende der ersten 100 Tage in Ihrem neuen Job.

Überzeugung ausstrahlen

Wenn Sie selbst nicht an sich glauben, warum sollte es dann Ihr Chef tun? Wenn Sie selbst davon überzeugt sind, dass Sie der Aufgabe gewachsen sind, wer sollte es dann sein?

Entwickeln Sie eine positive Grundhaltung. Erlauben Sie sich, das Glas als halb voll statt als halb leer zu betrachten.

Experten-Tipp

- Rufen Sie sich in kleinen Arbeitspausen schöne Erlebnisse in Erinnerung!
- Vergessen Sie Ihren Urlaub nicht bereits am ersten Arbeitstag!
- Bauen Sie sich mit Gedanken an Erfolge auf!
- Grübeln Sie nicht ständig über Ihre Misserfolge!
- Vermeiden Sie in Zukunft Fehler, statt sich stets daran zu erinnern, was Sie falsch gemacht haben. Machen Sie sich kein schlechtes Gewissen!
- Blicken Sie nach vorn! ◀

Gespräch nach
Probezeit
Gelingt es Ihnen, diese Ratschläge umzusetzen, brauchen Sie sich auch nicht vor einer Bilanz zu fürchten. Inzwischen ist es in Unternehmen üblich, die Mitarbeiter nach Ablauf der Probezeit zu einem Gespräch zu bitten. Wenn Ihre Probezeit auf drei Monate festgelegt war, haben Sie das bilanzierende Gespräch vielleicht schon hinter sich. Ist das nicht der Fall, verabreden Sie schnellstmöglich einen Termin mit Ihrem Vorgesetzten, um dies nachzuholen. Und wie schon gesagt: Haben Sie eine positive und konstruktive Haltung gefunden, gibt es für Sie keinen Grund, ein solches Gespräch zu scheuen.

Wie ziehe ich Bilanz?

Ist Ihre Probezeit auf sechs Monate veranschlagt, steht Ihnen das Gespräch mit Ihrem Vorgesetzten demnächst ins Haus. Um sich darauf vorzubereiten, suchen Sie sich einen ruhigen Platz und machen es sich bequem. Nehmen Sie ein Stück Papier zur Hand (Sie finden auch ein Arbeitsblatt auf der beigelegten CD-ROM), und lassen Sie die vergangenen 100 Tage Revue passieren. Seien Sie bei Ihren Erinnerungen nüchtern, schonungslos und aufrichtig. Halten Sie auch die unangenehmen Vorkommnisse fest. Gönnen Sie sich den reinigenden Effekt, der damit einhergeht, wenn Sie einmal alles offen darlegen.

Experten-Tipp

Bilanzieren Sie,

■ wie sich die Atmosphäre im Betrieb entwickelt hat,

■ wie sich die Beziehung zu Ihrem Chef gestaltet,

■ wie die Beziehung zu Ihren Kollegen aussieht,

■ wie zufrieden Sie mit Ihrer Arbeit sind,

■ wie sich Ihre Leistung entwickelt hat,

■ wie sich Ihr Privatleben gestaltet,

Worksheet auf
CD-ROM!
■ wie Ihr allgemeines Lebensgefühl ist,

seitdem Sie diesen neuen Job haben.

Fragen Sie sich, ob Sie in Ihrem neuen Job	Ja	Nein
zu Ihrer Zufriedenheit aufgetreten sind,		
zur Zufriedenheit der Kollegen aufgetreten sind,		
zur Zufriedenheit Ihres Chefs aufgetreten sind		
Ihre Leistungsgrenze erreicht haben,		
eine Karrierechance entdeckt haben,		
so weiter machen können wie bisher,		
Veränderungen in die Wege leiten müssen,		
den eigenen Zielen näher gekommen sind.		

Worksheet auf
CD-ROM!

Machen Sie sich Notizen zu den wesentlichen Punkten, an die Sie sich erinnern. Anhand Ihrer zuvor formulierten Ziele (s. Kapitel zwei) können Sie nun eine Bestandsaufnahme machen und sich schwarz auf weiß vergegenwärtigen, was Sie erreicht haben – und was nicht.

Habe ich meine persönlichen Ziele erreicht?

Arbeit

- Habe ich das Unternehmen und seine Struktur kennen gelernt?
- Wie starr sind die Strukturen der Firma?
- Wie innovativ ist die Firma?
- Sehe ich Entwicklungschancen?
- Reizt mich die Arbeit weiterhin?
- Konnte ich mit meinen Leistungen überzeugen?
- Habe ich meine Leistungskraft in den Dienst der neuen Firma gestellt?
- Konnte ich meine Erfahrungen nutzen?
- Hat sich meine Arbeitsmotivation gehalten?
- Konnte ich meine Talente einbringen?
- Habe ich die Kollegen und den Chef mit meiner Arbeit zufrieden gestellt?

Betriebsklima

- Habe ich die Kollegen besser kennen gelernt?
- Kann ich Ideen einbringen?
- Habe ich meine Ideen im Team vertreten?
- Fühle ich mich in den Kollegenkreis integriert?
- Habe ich die Arbeitsbedingungen optimiert?
- Habe ich Missverständnisse ausräumen können?

Worksheet auf CD-ROM!

Persönliches Wohlergehen

- Habe ich meine Kräfte gut eingeteilt?
- Habe ich den Stress gering gehalten?
- Bin ich entspannt und ohne Druck zur Arbeit gegangen?
- Konnte ich berufliche und private Probleme trennen?
- Hatte ich Zeit für meine Partnerschaft?
- Habe ich meine Freizeit nutzen können?
- Befinde ich mich körperlich auf der Höhe?

Worksheet auf CD-ROM!

Fähigkeiten und Fertigkeiten

- Schaffe ich die Arbeit in der vorgesehenen Zeit?
- Kann ich den Job als Karrieresprungbrett nutzen?
- Fühle ich mich eher über- oder eher unterfordert?
- Wie konfliktfähig bin ich?
- Sehe ich interessanten, neuen Aufgaben entgegen?
- Habe ich Neues gelernt?
- Bin ich gelassen und sicher aufgetreten?

Worksheet auf CD-ROM!

Wohin will ich in Zukunft?

Will ich

- die Beziehung zu meinen Kollegen verbessern?
- mehr Verantwortung übernehmen?
- meine Zurückhaltung aufgeben?

- mehr Geld verdienen?
- mich weiter qualifizieren?
- mehr direkte Anerkennung bekommen?
- manche Arbeitsabläufe straffen?
- in fünf Jahren immer noch in dieser Firma arbeiten?
- alles so lassen, wie es ist?

Kann ich Krisen als Chancen nutzen?

Frau F.: Bilanz nach 100 Tagen

Frau F. beendet ihre Probezeit mit einer Abmahnung in den Akten. Obwohl sie sich bemüht hat, sind ihr die Dinge zwischenzeitlich doch aus dem Ruder gelaufen. Auf ihrer Habenseite verbucht Frau F., dass sie

- gut mit ihren Aufgaben zurechtkommt,
- immer besser mit den technischen Hilfsmitteln umgehen kann,
- ihre Angst vor der Technik abgebaut hat.

Negativ schlägt bei Frau F. zu Buche, dass sie

- noch mit ihrer Ablage kämpft,
- unter Termindruck nachlässiger wird,
- häufiger Grenzen ziehen müsste, wenn ihr die Arbeit über den Kopf wächst,
- die Kinderbetreuung noch nicht optimal gelöst hat,
- ihren Chef nur bedingt zufrieden stellen konnte.

Dennoch ist sie nicht unzufrieden, denn gerade die Krise im Zusammenhang mit der Abmahnung hat ihr klar gemacht, was sie an ihrem neuen Job schätzen gelernt hat, nämlich dass

- all ihre Kräfte gefordert wurden,
- sie ihre Grenzen ausloten konnte,
- ihre Kräfte an neuen Herausforderungen wachsen,
- sie eigene Einfluss- und Gestaltungsmöglichkeiten hat,
- das Überwinden von Tiefs und Krisen sie stärker macht.

Deswegen beschließt sie, im bevorstehenden Mitarbeitergespräch darum zu bitten, dass ihre Stundenzahl auf 30 Wochenstunden erhöht wird. Zudem wird sie eine bessere Rückmeldung einfordern, um künftig Eskalationen wie jene, die zur Abmahnung geführt hat, zu verhindern.   ◄

Wie kann ich Risiken kalkulieren?

Herr A.: Bilanz nach 100 Tagen

Herrn A.s Befürchtung, er sei den technischen Anforderungen des Jobs nicht gewachsen, hat sich nicht bewahrheitet. Zudem hat er festgestellt, dass seine Kollegen keineswegs über so viel mehr Kenntnisse und Informationen verfügen, wie er zu Anfang angenommen hat.

Auf seiner Habenseite verbucht Herr A., dass er

- ■ mit dem Entschluss weg von der Baustelle richtig gelegen hat,
- ■ einen gewagten Schritt erfolgreich absolviert hat,
- ■ trotz lückenhafter Kenntnisse nicht in größere Schwierigkeiten geraten ist,
- ■ sein allgemeines Lebensgefühl verbessert hat,
- ■ sich traut, selbstbewusst aufzutreten.

Verbesserungswürdig findet Herr A.

- ■ seinen Kommunikationsstil den Mitarbeitern und Kollegen gegenüber,
- ■ seine Zeiteinteilung,
- ■ sein geringes Vertrauen in die Arbeit anderer,
- ■ seine Art, sich in der Freizeit zu entspannen.

Herr A. beschließt, seinen Chef im bilanzierenden Gespräch zu bitten, ihn auf ein Kommunikationsseminar zu schicken. Er möchte sich besser ins Team integrieren und manche Angewohnheiten aus seiner Vergangenheit ablegen. Des Weiteren will Herr A. erreichen, dass der Technikabteilung des Hauses außerplanmäßige Mittel zur Verfügung gestellt werden, da mit neuen Maschinen der Wartungsaufwand erheblich geringer wäre.   ◄

Gleichgewicht gestalten Sie brauchen in Ihrem neuen Job nicht nur die Fähigkeit, Risiken zu kalkulieren und Krisen als Chancen zu sehen. Sie sollten auch in der Lage sein,

Ihr Leben beruflich wie privat positiv zu gestalten. Davon hängt es ganz wesentlich ab, ob Sie sich wohl fühlen oder nicht. Wenn Ihnen Ihr Job richtig gut gefällt, wirkt sich das auch auf Ihr privates Umfeld aus. Haben Sie privat den Kopf frei, können Sie Ihre beruflichen Probleme ohne Ablenkung lösen.

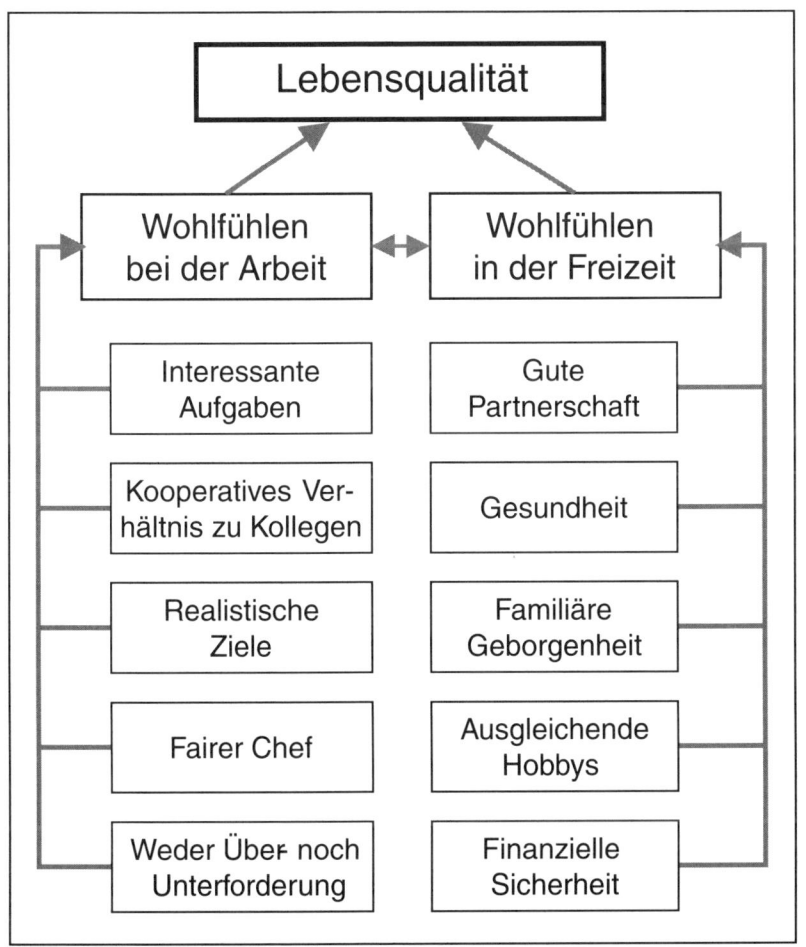

Wohlfühlen ist machbar

Test: Wie ist meine Lebensqualität?

Wie wohl fühle ich mich mit meiner neuen Arbeit?	Immer	Meistens	Nie
Meine Aufgaben sind sehr abwechslungsreich.			
Es fällt mir leicht, mir vorzustellen, welche Position ich in dieser Firma in zwei Jahren innehabe.			
Die Arbeit geht mir leicht von der Hand.			
Ich gehe gern mit meinen Kollegen Kaffee trinken.			
Ich habe keine Angst, wenn mein Chef mich zu einem Gespräch ruft.			
Ich sehe Teamsitzungen gelassen entgegen.			
Die Zeit in der Firma vergeht sehr schnell.			
Wie wohl fühle ich mich in meinem Privatleben?	**Immer**	**Meistens**	**Nie**
Mein Partner unterstützt mich.			
Ich kann mit meinen Freunden Probleme besprechen.			
Mein Partner fragt abends wie mein Tag war.			
Es bleibt mir noch Zeit, mich mit Freunden zu verabreden.			
Alkohol lehne ich ab, wenn ich von der Arbeit abschalten will.			
Ich freue mich auf den nächsten Tag.			
Ich schlafe abends unbesorgt ein.			
Ich fühle mich körperlich fit.			

Testauswertung

Für jedes Immer geben Sie sich drei Punkte, für ein Meistens zwei Punkte, für ein Nie einen Punkt.

Mehr als 30 Punkte: Sie sind guter Dinge, und zwar beruflich wie privat. Sie verfügen über ein funktionierendes soziales Netz und sind auch in der neuen Firma bereits integriert. Sie fühlen sich dort aufgehoben und haben außerdem ein angenehmes und entspanntes Privatleben. Behalten Sie Ihre Fähigkeit bei, die Dinge zu gestalten und sich das Leben so angenehm wie möglich zu machen. Richten Sie dennoch besonderes Augenmerk auf jene Aussagen, bei denen Sie eine niedrige Punktzahl bekommen haben. Hier steckt das Potenzial für weitere Verbesserungen.

Weniger als 30 Punkte: Sie sind auf einem guten Weg, aber es gelingt Ihnen noch nicht ganz, Beruf und Privatleben in Einklang bringen. Gehen Sie Ihre

Einschätzungen noch einmal Aussage für Aussage durch, und legen Sie jene Bereiche fest, mit denen Sie zufrieden sein können, und jene, die unbedingt einer Veränderung bedürfen.

Worksheet auf CD-ROM!

Wie kann ich mein Lebensgefühl verbessern?

Wenn Sie den Test „Lebensqualität" auswerten und dabei weniger als 30 Punkte erreichen, geht es Ihnen wie Herrn N. Er ist mit einem Teil seines Lebens – dem privaten –, nicht aber mit seiner derzeitigen beruflichen Situation zufrieden.

Unzufriedenheit

Herr N.: Bilanz nach 100 Tagen

Weil zum Bilanzieren Ehrlichkeit gehört, wie Herr N. als Betriebswirt weiß, rechnet er gnadenlos mit sich ab. Dabei stellt er fest, dass er die meisten Illusionen verloren hat. Er steht unter einer Art Ernüchterungsschock. Zwar hat er ein erfülltes Privatleben, doch seine Lebensqualität empfindet er als schlecht. Und das vor allem, weil er sich von seinem beruflichen Start so viel versprochen hatte. Er fühlt sich unterfordert und zweifelt an seiner Entscheidung. Manchmal sehnt er sich nach seinem Leben als Student zurück.

Er bilanziert und ist unzufrieden, weil

- er sich bei der Arbeit oft langweilt,
- manche Aufgaben ihm keinen Spaß machen,
- die Zeit nicht vergeht,
- er sich oft bedeutungslos fühlt,
- er nichts dazulernt,
- er seine Kenntnisse nicht erweitern kann.

Doch Herr N. ist kein Mensch, der ohne einen zweiten Versuch ein Ziel aufgibt. Denn auch seine Habenseite kann sich sehen lassen, weil

- er ein gutes Verhältnis zum Chef hat,
- die Firma Entwicklungschancen bietet, wenn sie auch in anderen Abteilungen bestehen,
- die Mitarbeiter demnächst am wirtschaftlichen Erfolg beteiligt werden sollen,
- das Arbeitsklima nichts zu wünschen übrig lässt,

■ er die Kollegen auch privat gern trifft.

Deswegen schüttet Herr N. das Kind nicht mit dem Bade aus, sondern trifft die grundsätzliche Entscheidung, sich innerhalb der Firma zu verändern und zu entwickeln. Dazu entwirft er eine neue Strategie, um seine Situation zu verbessern. Er will

■ mehr Verantwortung in der Firma übernehmen,

■ ein interessanteres Aufgabengebiet bekommen,

■ sich mit seinen Kollegen darüber austauschen,

■ auch Routineaufgaben zuverlässig erledigen,

■ Ideen zur Verbesserung von Arbeitsabläufen einbringen,

■ dem Chef seine eigenen Vorstellungen unterbreiten,

■ unabhängig vom Ausgang des ersten Gesprächs auf seinem Anliegen bestehen,

■ in regelmäßigen Abständen das Gespräch suchen,

■ Motivation und Ehrgeiz zeigen.   ◄

Neue Wege suchen — Enttäuschte Erwartungen sind eine heikle Angelegenheit. Doch es lässt sich nicht immer alles umsetzen, was in einem Plan steht. Hüten Sie sich davor, sich deswegen Vorwürfe zu machen. Erwartungen und Pläne geben zwar die Richtung vor, doch Sie können den eingeschlagenen Weg auch einmal verlassen, wenn Sie merken, dass Sie nicht weiterkommen.

Experten-Tipp

Wenn Sie sich an ein paar Regeln halten, können Sie verhindern, dass Sie aus der beruflichen Bahn geraten:

■ Verzweifeln Sie nicht!

■ Engagieren Sie sich weiter!

■ Stecken Sie sich neue Ziele!

■ Bleiben Sie offen für neue Entwicklungen!

■ Übertragen Sie berufliche Misserfolge nicht auf alle Lebensbereiche!

■ Reden Sie mit Ihren Kollegen!

■ Hinfallen ist o. k. Liegen bleiben ist schlecht.   ◄

Haben sich die Erwartungen, die Sie an die ersten 100 Tage geknüpft haben, erfüllt, dann können Sie frohgemut Ihren Weg weiterverfolgen. Ruhen Sie sich aber nicht zu lange auf Ihren Lorbeeren aus, denn Erfolg ist vergänglich. Um Ihre Position zu festigen und weitere Ziele zu verwirklichen, müssen Sie so neugierig, flexibel und aufgeschlossen bleiben wie bisher.

Auch dabei helfen Ihnen ein paar Regeln, mit denen Sie Ihren beruflichen Erfolg festigen können.

- Bleiben Sie motiviert!
- Vernachlässigen Sie die Entspannung nicht!
- Arbeiten Sie weiter an Ihren Schwächen!
- Nutzen Sie den Gestaltungsspielraum, den Ihnen Ihr neuer Job bietet!
- Bewahren Sie sich kritische Distanz!
- Verändern Sie sich, damit Sie sich treu bleiben!

Weiterhin viel Erfolg!

Wenn Sie nun die ersten 100 Tage Ihrer Reise im neuen Job hinter sich gebracht haben, lehnen Sie sich zurück – und freuen Sie sich über die Ankunft am Ziel der ersten Etappe.

Die neue Welt ist Ihnen längst nicht mehr so fremd wie am Anfang, denn Sie sind eingetaucht in die bis dato unbekannte Kultur. Sie haben sich durch die eigene Aufmerksamkeit und die Informationen der anderen den Regeln, Ritualen und Rollenspielen angenähert, die die Atmosphäre am Reiseziel bestimmen. Die Alteingesessenen machten Sie bekannt mit den schönen Seiten des menschlichen Miteinanders und der betrieblichen Landschaft. Und auch über die Nachteile und verbesserungsbedürftigen Aspekte der unternehmerischen Welt haben Sie manche Erkenntnis gewonnen.

Am Reiseziel angekommen

Jetzt liegt es allein in Ihren Händen, die nächsten 100 und alle weiteren Tage Ihres beruflichen Unterwegsseins so zu gestalten, dass Sie, Ihr Arbeitgeber, Ihre Kollegen und Ihre Familie zufrieden und glücklich damit sind. Sie haben erfahren, worauf Sie achten sollten und welche Handlungsoptionen Ihnen zur Verfügung stehen. Sie wissen um die kommunikativen Methoden und die Wirkungen Ihrer Außendarstellung.

Und dennoch werden Sie merken, dass es auch in Zukunft nicht immer leicht sein wird, all die verschiedenen Interessen der oben genannten Menschen in Ihrer Umgebung miteinander in Einklang zu bringen. Aber Kraft Ihrer bisherigen Erfahrungen, Ihrer Motivation und Ihrer beruflichen Ziele werden Sie auch die nächsten Etappen des Wegs erfolgreich bewältigen. Sie werden die Prozesse und Abläufe im Unternehmen besser verstehen und die eigenen Fertigkeiten vervollkommnen. Sie werden wesentlich effizienter arbeiten und vertrauter mit den Kolleginnen und Kollegen umgehen. Darüber hinaus werden Sie sich neue Ziele setzen und versuchen, diese so erfolgreich zu verwirklichen, wie jene, die Sie sich für die ersten 100 Tage im neuen Job vorgenommen hatten.

Positive Perspektive

Alles Gute für diese neuen Herausforderungen und weiterhin eine angenehme Reise!

Literatur

Fontana, D.: Mit dem Streß leben. Bern 1990.

Hackl, H.: Praxis des Selbstmanagements. Erlangen 1994.

Jerusalem, M./Pekrun, R.: Emotion, Motivation und Leistung. Göttingen 1999.

Kanfer, F. H./Reinecker, H./Schmelzer, D.: Selbstmanagement-Therapie. Heidelberg 1991.

Krampen, G.: Fragebogen zu Kompetenz- und Kontrollüberzeugungen. Göttingen 1991.

Locke, E. A./Latham, G. P.: A Theory of Goal Setting and Task Performance. Englewood Cliffs 1990.

Margraf, J./Rudolf, K.: Soziale Kompetenz – soziale Phobie. Baltmannsweiler 1999.

Meyer, P. C.: Rollenkonfigurationen, Rollenfunktionen und Gesundheit. Opladen 2000.

Oesterreich, R./Volpert, W.: Psychologie gesundheitsgerechter Arbeitsbedingungen. Bern 1990.

Schulz von Thun, F.: Miteinander Reden. Reinbek 1981.

Stengel, M.: Psychologie der Arbeit. Weinheim 1997.

Sternberg, R. J.: Erfolgsintelligenz. München 1998.

Tedeschi/Lindskold/Rosenfeld: Introduction to Social Psychology. St. Paul 1985.

Stichwortverzeichnis